“吃饭”是人生

“生小孩”是人生

“招呼朋友”是人生

艺术家“清风明月的嗜好”是人生

制造家“神工鬼斧的创作”也是人生

问人生是人生

讲人生还是人生

这即是人生之真相

一个诗人往往蓬头垢面

人皆以他为懒

但他于作诗必须甚勤

李长吉作诗，“呕出心肝”

杜工部作诗，“语不惊人死不休”

他们都是勤于作诗

勤于作诗者

不必能成为大诗人

但不勤于作诗者

必不能成为大诗人

编者的话

冯友兰先生 1895 年出生于河南唐河县的一个诗礼人家。1915 年考入北京大学，1920 年入美国哥伦比亚大学研究院学习并获得博士学位。回国后，先后在开封中州大学、广东大学任教。1924 年，写成《人生哲学》，1926 年由商务印书馆出版。在这本书中，冯友兰确立了其新实在主义的哲学信仰，并开始把新实在主义同程朱理学结合。1926 年起在燕京大学讲授中国哲学史，写作的《中国哲学史》上册（1931 年）、下册（1934 年），成为大学教材，为中国哲学史的学科建设做出了重大贡献。

抗战期间，任西南联大哲学系教授兼文学院院长。1939 年至 1946 年，连续出版六本书，被称为“贞元六书”:《新理学》(1939 年 5 月商务印书馆出版)、《新事论》(1940 年 5 月商务印书馆出版)、《新世训》(1940 年 7 月开明书店出版)、《新原人》(1943 年 6 月商务印书馆出版)、《新原道》(1945 年 4 月商务印书馆出版）、《新知言》（1946 年 12 月商务印书馆出版）。通过“贞元六书”，冯友兰创立了新理学思想体系，成为中国当时较有影响的哲学家。

1946 年赴美任客座教授，曾获美国普林斯顿大学、印度德里大学、美国哥伦比亚大学名誉文学博士。1952 年后一直为北京大学哲学系教授。

中华人民共和国成立后，转而接受马克思主义，开始以马克思主义为指导研究中国哲学史，著有《中国哲学史新编》（两册）、《中国哲学史论文集》《中国哲学史论文二集》《中国哲学史史料学初稿》《四十年的回顾》和七卷本《中国哲学史新编》等书。

先生一生治学，著述无数，是中国近代以来能够建立自己体系的少数几个哲学家之一。

本书选编了冯友兰先生的三十五篇文章，分别选自《一种人生观》（1924 年 10 月商务印书馆出版）、《人生哲学》（1926 年 9 月商务印书馆出版）、《教育文集》（收录文章的写作时间跨度比较大，一部分写于 20 世纪三四十年代，一部分写于 20 世纪六十年代）、《南渡集》（1946 年结集）、《哲学文集》（收录文章多发表于 20 世纪三十年代）。

人生与哲学

003 人生之真相

005 人生之目的

008 哲学及人生哲学

012 人生哲学之派别

016 哲学与人生之关系（甲）

020 哲学与人生之关系（乙）

025 人 死

027 命 运

道德与品行

031 人性是善是恶
040 人性与道德制度及风俗习惯
045 不道德的道德行为
048 守冲谦
064 致中和
075 励勤俭
085 存诚敬
096 行忠恕

爱与哲学

119 爱与哲学
121 爱之事业

123 爱之中道
125 爱与终因
127 情，欲
130 合理的幸福

思考与生活

135 思与辩
139 快乐与活动
142 乐观与戒惧
147 教育与政治
152 “无所为而为”与“有所为而为”
155 意志自由问题

读书与做人

161 青年的修养问题

168 教青年认识祖国

172 论天真活泼

177 论大学教育

181 人生成功之因素

189 论信念

193 我的读书经验

人生与哲学

人生之真相

人生之真相是什么？我个人遇见许多人向我问这个问题。这个“像煞有介事”的大问题，我以为是不成问题。凡我们见一事物而问其真相，必因我们是局外人，不知其中的内幕。报馆访员，常打听政局之真相，一般公众，也常欲知政局之真相。这是当然的，因为他们非政局之当局者。至于实际上的总统总理，却不然了。政局之真相，就是他们的举措设施；他们从来即知之甚悉，更不必打听，也更无从打听。这是一个极明显的比喻。说到人生，亦复如是。人生之当局者，即是我们人。人生即是我们人之举措设施。“吃饭”是人生；“生小孩”是人生；“招呼朋友”也是人生。艺术家“清风明月的嗜好”是人生；制造家“神工鬼斧的创作”是人生；宗教家“覆天载地的仁爱”也是人生（这几个名词，见吴稚晖先生《一个新信仰的宇宙观及人生观》）。问人生是人生，讲人生还是人生，这即是人生之真相。除此之外，更不必找人生之真相，也更无从找人生之真相。若于此具体的人生之外，必要再找一个人生真相，那真是宋儒所说“骑驴觅驴”了。我说：“人生之真相，即是具体的人生。”

（选自《一种人生观》，1924年10月商务印书馆出版）

人生之目的

不过如一般人一定不满意于这个答案。他们必说:“姑假定人生之真相，即是具体的人生，但我们还要知道为什么有这个人生。”实际上一般人问“人生之真相，果何如乎”之时，他们心里所欲知者，实即是“为什么有这个人生”？他们非是不知人生之真相，他们是要解释人生之真相。哲学上之大问题，并不是人生之真相之“如何”——是什么，而乃是人生之真相之“为何”——为什么。

不过这个“为”字又有两种意思：一是“因为”，二是“所为”，前者指原因，后者指目的。若问:“因为什么有这个人生？”对于这个问题，我们也只能说:“人是天然界之一物，人生是天然界之一事。”若要说明其所以，非先把天然界之全体说明不可。现在我们的知识，既然不够这种程度；我这篇小文，尤其没有那个篇幅，所以这个问题，只可存而不论。现在一般人所急欲知者，也并不是此问题，而乃是人生之所为——人生之目的。很有许多人以为：我们若找不出人生之目的，人生即没有价值，就不值得生。我现在的意思以为：人生虽是人之举措设施——人为——所构成的，而人生之全体，却是天然界之一件事物。犹之演戏，虽其中所演者都是假的，而演戏之全体，却是真的——真是人生之一件事。人生之全体，既是天然界之一件事物，我们即不能说他有什么目的；犹之乎我们不能说山有什么目的，雨有什么目的一样。目的和手段，乃是我们人为的世界之用语，不能用之于天然的世界——另一个世界。天然的世界以及其中的事物，我们只能说他是什么，不能说他为——所为——什么。有许多持目的论的哲学家，说天然事物都有目的。亚里士多德说："天地生草，乃为畜牲预备食物；生畜牲，乃为人预备食物或器具。"（见所著《政治学》）不过我们于此，实在有点怀疑。有人嘲笑目的论的哲学家说："如果什么事都有目的，人所以生鼻，岂不也可以说是为架眼镜么？"目的论的说法，我觉得还有待于证明。

况且即令我们采用目的论的说法，我们也不能得他的帮助，即令我们随着费希特（Fichte）说"自我实现"，随着柏格森（Bergson）说"创化"，但我们究竟还不知那"大意志"为——所为——什么要实现，要创化。我们要一定再往下问，也只可说："实现之目的，就是实现；创化之目的，就是创化。"那么，我们何必多绕那个弯呢？我们简直说人生之目的就是生，不就完了么？惟其人生之目的就是生，所以平常能遂其生的人，都不问为——所为——什么要生。庄子说："夔谓蚿曰：'吾以一足跉踔而行，予无如矣。今子之使万足，独奈何？'蚿曰：'不然，子不见夫唾者乎？喷则大者如珠，小者如雾，杂而下者，不可胜数也。今予动吾天机，而不知其所以然。’蛇谓蛇曰：‘吾以万足行，而不及子之无足，何也？’蛇曰：‘夫天机之所动，何可易邪？吾安用足哉？’”（《秋水》）“动吾天机，而不知其所以然”，正是一般人之生活方法。他们不问人生之目的是什么，而自然而然地去生；其所以如此者，正因他们的生之目的已达故耳。若于生之外，另要再找一个人生之目的，那就是庄子所说：“泉涸；鱼相与处于陆，相呴以湿，相濡以沫，不若相忘于江湖。”（《天运》）

不过若有人一定觉得若找不出人生之所为，人生就是空虚，就是无意义，就不值得生，我以为单从理论上不能说他不对。佛教之无生的人生方法，单从理论上，我们也不能证明他是错误。若有些对于人生有所失望的人，如情场失意的痴情人之类，遁入空门，藉以作个人生之下场地步；或有清高孤洁之士，真以人生为虚妄污秽，而在佛教中另寻安身立命之处；我对于他们，也只有表示同情与敬意。即使将来世界之人，果如梁漱溟先生所预料，皆要皈依印度文化，我以为我们也不能说他们不对。不过依我现在的意见，这种无生的人生方法，不是多数人之所能行。所以世上尽有许多人终日说人生无意义，而终是照旧去生。有许多学佛的和尚居士，都是“无酒学佛，有酒学仙”。印度文化发源地之印度，仍是人口众多，至今不绝。所以我以为这种无生的人生方法，未尝不是人生方法之一种，但一般多数人自是不能行，也就无可如何了。

（选自《一种人生观》，1924 年 10 月商务印书馆出版）

哲学及人生哲学

问：普通多谓哲学之目的，在于综合科学，以研究宇宙之全体，今如此说，岂不缩小哲学之范围耶？答：如此说法，并不缩小哲学之范围。哲学之目的，既在确定理想人生，以为吾人在宇宙间应取之模型及标准，则对于宇宙间一切事物以及人生一切问题，当然皆须作甚深的研究。严格地说，吾人若不知宇宙及人在其中之地位究竟“是”如何，吾人实不能断定人究竟“应该”如何。所以凡哲学系统至少必有其宇宙论及人生论。哲学固须综合科学以研究宇宙之全体，然其所以如此者，固自有目的，非只徒为“科学大纲”而已。

希腊哲学家多分哲学为三大部：

物理学（physics）

伦理学（ethics）

论理学（logic）

此所谓 physics，即今所谓 metaphysics，近人所译为“形上学”或“玄学”者。此所谓伦理学及论理学，其范围亦较现在此二名所指为广。以现在之术语说之，哲学包涵三大部：

宇宙论，目的在求一对于世界之道理（a theory of the world）

人生论，目的在求一对于人生之道理（a theory of life）

知识论，目的在求一对于知识之道理（a theory of knowledge）

此三分法，自柏拉图以后，至中世纪之末，普遍流行①；即至近世，亦多用之②。此外他种分法固多，然究未若此三分法之为合理且有历史的根据也。

就上三分中，若复两分，则宇宙论可有两部：

一研究“存在”之本体，及“真实”之要素者，此是所谓本体论（ontology）;

① 讲此三分法最清楚者，当推斯多噶学派（Stoics）。彼谓“哲学有三部分，即物理学，伦理学，及论理学是也。当吾人考察宇宙及其中所包之物，此即是物理学；当我们研究人生，此即是伦理学；研究推理，此即是逻辑或曰辩证学（dialectic）”。（Bakewell：*Source Book in Ancient Philosophy* 二六九页）“他们将哲学与一动物比较，以骨及筋比论理学，以血肉比自然哲学（按即所谓物理学），以灵魂比伦理哲学。他们又将哲学与一鸡卵比较，名论理学为卵壳，伦理学为卵白，自然哲学为卵黄。又与一膏腴之地相较，论理学即其周围之墙垣，伦理学即果实，自然哲学即土地或果树”。（同上，二七〇页）

② 看 Paulsen：*Introduction to Philosophy* 英译本四四页。

一研究世界之发生及其历史，其归宿者，此是所谓宇宙论（cosmology，狭义的）。

人生论亦有两部：

一研究人究竟是什么者，此即人类学、心理学等；

一研究人究竟应该怎么者，此即伦理学（狭义的）、政治哲学等。

知识论亦有两部：

一研究知识之性质者，此即所谓知识论（epistemology，狭义的）；

一研究知识之规范者，此即所谓论理学（狭义的）。

就上三部中，宇宙论与人生论，相即不离，有密切之关系。一哲学之人生论，皆根据于其宇宙论。如杨朱以宇宙为物质的、盲目的、机械的，故人生无他希望，只可追求目前快乐。西洋之伊壁鸠鲁学派（Epicureanism）以同一前提，得同一断案。又如中国道家以宇宙为“自然”之表现，凡物顺性而行即为至好，故人亦应顺性而行，除去一切拘束。西洋哲学中之浪漫派（Romanticism），亦以同一前提，得同一断案。由此可见，诸哲学之人生论不同，正因其宇宙论不同。哲学求理想人生，必研究宇宙，必综合科学，其所以亦正在此。哲学家中，有以知识论证成其宇宙论者［如贝克莱（Berkeley）、康德（Kant），以及后来之知识论的唯心派（epistemological idealism），及佛教之相宗等］，又有因研究人之是什么而连带及知识论者［如洛克（Locke）、休谟（Hume）等］。究竟知识论与人生论无极大的关系，所以中国哲学，竟未以知识问题为哲学中之重要问题。然此点实无害于中国哲学之为哲学。

哲学之功用、目的，及其中之部分既明，则本章开始所提诸问题，当有不烦详说而自解决者矣。人生哲学即哲学中之人生论，犹所谓自然哲学，乃哲学中之宇宙论也。伦理学乃人生哲学之一部，犹物理学乃所谓自然哲学之一部也。哲学以其知识论之墙垣，宇宙论之树木，生其人生论之果实；讲人生哲学者即直取其果实。哲学以其论理学之筋骨，自然哲学之血肉，养其人生论之灵魂；讲人生哲学者即直取其灵魂［参看本节（注①）］。质言之，哲学以其对于一切之极深的研究，繁重的辩论，以得其所认为之理想人生；讲人生哲学者即略去一切而直讲其理想人生。由斯而言，则人生哲学又可谓为哲学之简易科也。

（选自《人生哲学》，1926 年 9 月商务印书馆出版）

人生哲学之派别

宇宙有多方面；若有一方面引起一哲学家之特别注意，则彼即执此一端，以概其全；詹姆士所说，已如上述。究竟宇宙果有几多方面耶？概括言之，吾人所经验之事物，不外天然及人为两类。自生自灭，无待于人，是天然的事物。人为的事物，其存在必倚于人，与天然的恰相反对。吾人所经验之世界上，既有此两种事物，亦即有两种境界。现在世界中，有好有不好，已如上述；哲学家中有有“见”于天然之好，既以天然境界为好，而以人为境界为不好之起源者；亦有有“见”于人为境界之好，即以人为境界为好，而以天然境界为不好之起源者。如老子说：“绝圣弃智，民利百倍；绝仁弃义，民复孝慈；绝巧弃利，盗贼无有。”（《道德经》十九章）主张返于“小国寡民”之乌托邦。而近代西洋哲学家，如培根（Bacon）、笛卡儿（Descartes）之流，则主张利器物，善工具，战胜天然，使役于人。其实两境界皆有其好的与其不好的方面。依老子所说，小国寡民，抱素守朴，固有清静之好；然亦有孟子所谓，“洪水横流，草木畅茂，禽兽逼人”之不好。主战胜天然者所理想之生活富裕，用器精良，固有其好；而五色令人目盲，五声令人耳聋；老子之言，亦不为无理。此皆以不甚合吾人理想之境界为理想境界。此等程序，谓之理想化（idealization）。哲学家亦非有意好为理想化，特多为其“见”所蔽耳。

实际的世界，有好有不好；实际的人生，有苦受亦有乐受。此为事实，无人不知；哲学史中大哲学家亦无不知；其所诤辩，全在对于此事实之解释及批评。就以上所说，略加推广，则哲学史中，有一派哲学家以现在之好为固有，而以现在之不好为起于人为。依此说则人本来有乐无苦，现在诸苦，乃其自作自受，欲离诸苦，须免除现境，返于原始。诸宗教中之哲学，大都持此说法。又有一派哲学家，则以现在之不好，为世界之本来面目，而现在之好，则全由于人力。依此说则人本来有苦无乐，以其战胜天然，方有现在之情形；若现在世界，尚未尽如人意，则惟有再求进步而已。中国哲学史中，性善与性恶之辩——即一派哲学家谓人性本善，其恶乃由于习染；一派则谓人性本恶，其善乃由于人为（即荀子所谓伪）——为一大问题。而希腊哲学史中，“天然或人定”之争——即一派哲学家谓道德根于天然，故一而不变；一派则谓纯系人意所定，故多而常变。欧洲近古哲学中，有神与无神之辩——即谓宇宙系起于非物质之高尚原理抑系仅由盲力——亦为难解决的问题。凡此诸争辩，其根本问题，即是好及不好之果由于天然或人为；“好学深思之士，心知其意”者，当自知之。

既有如此相反的哲学，则其实现之道，亦必相反。道，路也；此所谓道，正依此义。上所说之哲学，其一派谓人为为致不好之源；人方以文明自喜，而不知人生苦恼，正由于此。若依此说，则必废去现在，返于原始。本老子所谓“日损”（《道德经》四十八章），今姑名此派哲学曰损道。其他一派则谓，现在世界，虽有不好，而比之过去，已为远胜；其所以仍有苦恼者，则以吾人尚未十分进步，而文明尚未臻极境也。吾人幸福，全在富有的将来，而不在已死的过去。若依此说，则吾人必力图创造，以人力胜天行，竭力奋斗，庶几将来乐园不在“天城”[*City of God*，西洋中世纪宗教家圣奥古斯丁（St. Augustine）所作书名]而在“人国”（Kingdom of Man，培根 *Novum Organum* 中语）。本老子所谓“日益”，今姑名此派哲学曰益道。

此外尚有一派，以为天然人为，本来不相冲突；人为乃所以辅助天然，而非破坏天然；现在世界，即为最好；现在活动，即是快乐。今姑名此派曰中道。

尚有言者，即属于所谓损道诸哲学，虽主损，而其损之程度，则有差别。上述中国道家，老庄之流，以为现在的世界之天然境界即好，所须去掉者只人为的境界而已。此派虽主损而不否认现世。今名此派曰浪漫派。柏拉图以为现在的世界之上，尚有一完美的理想世界。现在世界之事物是相对的；理想世界之概念是绝对的。现在世界可见而不可思；理想世界可思而不可见。今名此派曰理想派。佛教及西洋近代叔本华之哲学，亦以为现在世界之上，尚有一完善完满的世界。但此世界，不但不可见，且亦不可思，所谓不可思议境界。今名此派曰虚无派。属于所谓益道诸哲学，虽皆主益，而其益之程度，亦有差别。如杨朱之流以最大的目前快乐为最好境界；目前舒适，即是当下“乐园”。今名此派曰快乐派。如墨子功利家之流，以为吾人宜牺牲目前快乐而求将来较远最大多数人之安全富足繁荣。今名此派曰功利派。西洋近代哲学家，如培根、笛卡儿等以为吾人如果有充分的知识、权力与进步，则可得一最好境界，于其中可以最少努力而得最多的好；吾人现宜力战天然，以拓“人国”。今名此派曰进步派。至于属于所谓中道诸哲学，则如儒家说天及性，与道家所说道德颇同；但以仁义礼智，亦为人性之自然。亚里士多德继柏拉图之后，亦说概念，但以为概念即在感觉世界之中，此世界诸物之生长变化，即所以实现概念。宋、元、明哲学家，颇受所谓“二氏”之影响，但不于寂灭中求静定，而谓静定即在日用酬酢之中。西洋近代哲学，注重“自我”；于是“我”与“非我”之间，界限太深；黑格尔（Hegel）之哲学，乃说明“我”与“非我”，是一非异；绝对的精神，虽常在创造，而实一无所得。合此十派别而世界哲学史上所已有之人生哲学之重要派别乃备。

（选自《人生哲学》，1926 年 9 月商务印书馆出版）

哲学与人生之关系（甲）

哲学是一个很古的名词，有长久的历史，因此，哲学这个名词的意义，也就有了很多。大概说起来，哲学有广狭二义。

就广义的哲学说，我们人人都有哲学，并且全是哲学家。我们对于宇宙，或是人生，都有我们自己的见解，自己的意见。多数哲学问题，无论哪个人，对之都有他的相当的答案。我们在路上遇着一个人，问他一个哲学上的问题：究竟有上帝没有？他若说有，他就是有神论者；若说没有，他就是无神论者；如果他对于有无上帝都怀疑，那么他就是怀疑论者；他要说他不研究这个问题，他就是存疑论者。这不是各个人都有他自己的哲学吗？从前有人说：如果打仗，必得先知敌人的军队有多少，但是比这个更要紧的，就是先知道敌人的总司令的哲学是什么，那才不至于上当，打败仗。如果你交了一个主张杨朱哲学的朋友，那么他会一天吃喝玩乐，闹得你不得安宁。至于结婚，更要注意到对方的哲学，才能够有美满的结果呢。王阳明的学生有一天到街上去，回来之后，王阳明问他：你看见什么了？他说：看见满街上是圣人。照以上所说，也可以说，满街上都是哲学家了。这是就广义的哲学说。

若就狭义的哲学说，每一哲学系统有二部分，一部分是断案或结论，一部分是前提和辩论。就像前面说的那个人，你问他：你说有上帝，究竟何以见其有？那恐怕他就不知道了。他是只有断案，而没有前提。这是专门哲学家和普通人不同的地方。主张有神论的专门哲学家，不但说上帝有，还得说何以见其有。主张无神论的专门哲学家，不但说没有，还得说上帝何以见其没有。

哲学在教育上的功用。照我的意思有四种，分述于后：

1. 学哲学可以养成清楚的思想。专门哲学家对于一种问题，有他的答案，并且还有所以达到此答案的前提。学哲学的人看了他的答案和前提，除得到新知识外，还可随着他推理辩证，思想就可以渐渐地清楚。哲学书总是不容易看的，非看到哪里，想到哪里，不能懂得。中国人从前主张咬文嚼字，看哲学书也得咬文嚼字，不过从前偏重于修辞方面。如果注意到义理方面，看书咬文嚼字是很有益处的。

2. 哲学可以养成怀疑的精神。学哲学的人，可以看出哲学与其他的学问有点不同，就是哲学上有多数的问题，都有相反的答案。如对于上帝的存在问题，就有许多的答案，全都是持之有故，言之成理。我们常读哲学书，可以减少我们武断和盲从的习惯。我并不是说一定没有绝对的真理。如我们作一命题，与真实相合，那命题就是真理，真理有成立的可能。不过我们所作之命题究竟是不是与真理相合，很难决定而已。但是有人说：如果人持着怀疑态度，对于无论什么事情，都不能办了。但是不一定如此。我们不一定对于一个理论有了宗教般的信仰，然后再来实行它。

3. 学哲学可以养成容忍的态度。哲学里面的派别很多，而且每派对于他的主张全持之有故，言之成理。我们对于事物研究了一番之后，虽可自有主张，但也不能说别人的学说完全不对，一概可以抹杀。世上的悲剧，有许多是由于人之无容忍态度造成的。像西洋的宗教战争是也。我们应当知道宇宙是多方面的，不是一方面的，人因其观点不同，故所见亦异。人人都有容忍的态度，才易互相调和，不易有什么冲突：民治主义的精神也在此，少数服从多数之理由也在此。

4. 学哲学可以养成广大的眼界。哲学的对象是宇宙的全体。由宇宙的观点看起来，所谓人世间，可以说小到不可言喻了。有一故事说：美国有一个飞行家，坐着飞机飞出了地心引力以外去了，看见了一个神仙，他就问：某城在什么地方？那神仙说：不知道。他又问：美国在什么地方？神仙答：没有听说过。他又问：亚美利加洲在什么地方？神仙说：也不知道。又问：地球在什么地方？神仙也说：不知道。最后他问：太阳系在什么地方？神仙说：等着我给你查一查。就拿一张图，看见有一个小点，旁边写着太阳系三字，才知道太阳系在宇宙中也不过是一小点，何况小而又小的某城呢。从宇宙的观点看，人世间的成败祸福，皆无可注意的。能有这种眼界者，即如《庄子》上所说："死生无变于己，而况利害之端乎？"如果人人能够如此，世界上争权夺利的悲剧，或者可以少演几次吧！有人说：如果人人都照这种观点看起来，恐怕人类就没有了，没有人类，或者还许更好，也未可知。不过按一方面说，我们要有这种眼界，不但可以做事，而且更能做事。如果未曾在台上讲演过的人，初次上台讲演，恐怕有错误的地方，但是愈怕有错，错处更多。如人做事恐怕失败，但是愈怕失败，他是愈失败。如他能视成功、失败为无关重要，他的成功的希望，还可更大一点。

（选自《三松堂全集·第十一卷》，1970年1月河南人民出版社出版。第十一卷又名《哲学文集（上）》，收录了1936年商务印书馆出版的《中国哲学史补》及1948年前的其他单篇哲学论文）

哲学与人生之关系（乙）

“哲学”与“人生”可以说是很有关系，也可以说是很没有关系。所谓对于人生有没有关系，是说对于我们的行为，有没有影响；或者再确切点说，有没有直接重大的影响。

所谓“哲学”是一个很宽泛的名词，其中包有很多的部分，犹之科学中之包有物理、化学等。哲学里边有几部分，可以说是对人生没有直接重大的关系；有几部分可以说是对人生有直接重大的关系。譬如逻辑（亦称论理学）对于人生，可说是没有直接重大的关系。其中有些道理，若专就实用观点看，似乎是没有什么价值。如普通逻辑所讲的同一律吧，“甲是甲”。如果甲是甲，甲就是甲。这话可以说是一定不错，但由实用的观点看，就无甚价值。再如说“桌子不能同时是桌子又是非桌子”这话在实用的观点看，也并没有什么价值。所以，有几派哲学，因特别注意人生方面，就不注重逻辑。如中国前几年流行的“实用主义”即是如此。实用主义所讲试验逻辑，实是一种试验的方法，并非逻辑。又如中国哲学，向亦注重人生方面。所以逻辑在中国哲学里，可以说是没有。从此看来，逻辑对于人生，即对我们的日常行为，是没有直接重大的影响的。

“知识论”（亦称认识论）对于人的日常行为，亦无多大影响。例如说现在这个桌子，究竟是不是真有等问题。有些人说，我们闭上眼睛，不看桌子，桌子就是无有了；有人说我们虽闭上眼睛，桌子总还是有。但无论哪一种说法，对于我们日常行为，可说是没有什么大的影响。有的哲学家以为太阳明天出来不出来，就不敢说一定。因为我们以为太阳明天一定出之说，无非靠过去经验。但若只靠经验，则在过去是如此者，不敢必其在将来亦如此。但是这样怀疑，对于日常行为，仍没有直接的影响。虽从理论方面我们不敢断言太阳明天一定出来，但是我们今天该怎样，仍是怎样。信了某哲学家之说，生活上无甚变化；不信它，也没甚变化。所以，有些哲学，对于认识论，即不注重。例如中国哲学，即只注意人生方面。其中逻辑，固然可以说是没有。认识论，也可以说是没有。

哲学中有一部分是对于人的日常生活，没有什么直接重大的影响，举出了上边两个作例，别的自然还有。

可是，哲学中的另一部分，对于我们人生，即日常生活，是有很大的影响的。有些道理，我们不信它，我们的生活是一个样子；信了它，就会立刻变了个生活的样子。最显明者为宗教。大概大的宗教中，都有一种哲学中的“形上学”作为根据。这形上学对于人生，就很有关系。每个大宗教里边，都讲的有宇宙如何构成，及人在宇宙中的地位等问题；对于这些问题，都有一种讨论、解决和答案。这许多答案，我们相信与否，对于我们的生活，是有很大的影响的。如佛教即有一很精深的形上学，也就是哲学上所谓“唯心论”。它说“万法唯心”，一切皆本于心。人有那个真心，但他不觉有真心，这就是所谓“迷”。因为有“迷”，所以生出了我们的身体及山河大地。我们的身体及山河大地，都是心的表现。因此，人一生出，就有了许多问题。如“生、老、病、死”，四种苦，无论何人，都不能免。如欲免此人生诸苦，其方法可就很不简单。旧的自杀方法如上吊、投河。新的方法，如喝安眠药水等，均解决不了问题。照佛家说，我们死了，并不算完。我们原来之所以有这个身，乃因有个“迷”。今虽取消此身，如仍有这个“迷”，则仍然可以有个身。因此就有了出家、修行等办法，以求根本解决这个“迷”。这些道理，你信它或不信它，在行为上就有了很大的区别。不信它，是一个方法生活。如果信了它，你就会根本改变一个生活的样子，完全和先前不同的一个样子。这对于人生，即日常行为，是很有关系的。

此外，哲学中的另一部分，即政治哲学与社会哲学。对于人生日常行为，也是有直接重大的影响的。在历史上，我们的社会，已有过很多的改变，才变到现在的地步。它每一个改变，都有一个新的社会哲学和政治哲学作领导。就是直到今日，亦复如此。关于这一点，有人说政治哲学和社会哲学，仅系社会状况的反映。像镜子里面的影子，并没有什么力量。我想这话有一半对，有一半是不对的。即说政治哲学及社会哲学是社会状况的反映，是对的；但说他没有力量，是不对的。我们走到某一个地步，我们才能看见某一地步前面的一些东西，这是当然的。譬如因为我们的社会，是在现在的历史阶段，我们才会有现在的社会理想。在游牧时代，无论如何不能有很高的社会理想，这是不成问题的。不过社会理想既已形成了一种理想，就会有一种力量，形成一种运动。还有一种人说社会改造之成功，并非出于一二人的理想，乃是群众处在某种环境之下，不能生存，感觉到改革的需要。必须如此，才能成功。这是很对的。但也不能因此就轻视理想之重要。群众不感改革之需要，虽强行一种理想，亦必归失败，这是真的。但只有群众的需要，而无理想之指导，则其行动是盲目的，亦必不能成功。我们固然相信理想是环境所产生，非一二人凭空想出。但既有此理想，它还可以领导人们去改造环境。有两句老话："英雄造时势，时势造英雄。"若把英雄二字，换成理想二字，即"理想造时势，时势造理想"，这话很不错的了。这一点，现在人，可以说都很感觉到。不管其政见之左或右，主张保持现状或改变现状的那一派，他都感觉到一种政治社会运动，非有一种政治社会哲学作根基不行。

说到此处，就又说到我们常说的"死哲学"与"活哲学"之不同了。什么是活哲学呢？能成为一种力量，领导人的行动的即是；反此，就是死哲学。或者它前亦会是活过，但今已成一二人的空话了。

我们还可以联带说及所谓新哲学和旧哲学的问题。究竟有没有新哲学，即能不能凭空生出来一种与旧的全无关系的哲学呢？也许将来会有超人出世，创了出来。但这可说是没有的。其实，无所谓全新的哲学。新的哲学中亦有旧的分子。不过能把旧的和现在的知识、环境，联成一片。能如此者，就是新哲学。不能，即不是。

从以上所说，我们可以知道，哲学中有几部分，对于人们的日常行为是很有影响的。如刚才所说的有许多道理，我们信它或不信它，我们的行为，可以有大大的不同。

再总起来说，哲学里有一部分对于人生没有直接关系；但是，有一部分，有直接的关系。有一部分对于日常行为，不生直接重大的影响；但是有一部分，则生直接重大的影响。所以有些人说，譬如出兵打仗，对方的器械兵力，固属我们所要知者；但其总司令是持怎样的哲学，也是我们要知的。再如出租房子，房客能否拿得出租钱，房东固然要知道；但其持着怎样的哲学，房东也要知道。如果房客持的是如《列子·杨朱篇》所说的哲学，他一定会把你的房子，住得乱七八糟。这是就哲学之与人生有关系说的。还有人说哲学毫无实用价值，只是用一些很好看的字眼，说些没意义的话。这两方面的话，都有些道理。实际是：哲学里头有一部分是与人的日常行为即人生，有直接重大的关系；有一部分没有直接重大的关系。哲学乃是一个总括的名词。

（选自《三松堂全集·第十一卷》，1970 年 1 月河南人民出版社出版。第十一卷又名《哲学文集（上）》，收录了 1936 年商务印书馆出版的《中国哲学史补》及 1948 年前的其他单篇哲学论文）

人　死

人死为人生之反面，而亦人生之一大事。“大哉死乎”，古来大哲学家多论及死。柏拉图且谓学哲学即是学死。人都是求生，所以都怕死。究竟人死后是否断灭？对此问题，现在吾人只可抱一怀疑态度。有所谓长生久视之说，以为人之身体，苟加以修炼，可以长生不老，此说恐不能成立。不过人虽不能长生，而确切可以不死；盖其所生之子孙，即其身之一部继续生活者，故人若有后，即为不死。非仅人为然，凡生物皆系如此，更无须特别证明。柏拉图谓人不能长生，而却得长生之形似，男女之爱，即所以得长生之形似者。故爱之功用，在令生死无常者长生，而使人为神。后来叔本华论爱，更引申此义。儒教之注重“有后”，及重视婚礼，其根本之义，似亦在此。孔子曰：“天地不合，万物不生。大昏，万世之嗣也，君何谓已重焉？”（《礼记·哀公问》）孟子曰：“不孝有三，无后为大。”这些话所说，若除去道学先生之腐解释，干脆就是吴稚晖先生所说之“神工鬼斧的生小孩人生观”了。

又有所谓不朽者，与不死略有不同。不死是指人之生活继续；不朽是指人之曾经存在，不能磨灭者。若以此义解释不朽，则世上凡人皆不朽。盖某人曾经于某时生活于某地，乃宇宙间之一件固定的事情，无论如何，不能磨灭。唐虞时代之平常人，与尧舜同一不磨灭，其差异只在受人知与不受人知；亦犹现世之人，同样生存，而因受知之范围之小大，而有小大人物之分。然即至小之人物，我们也不能说他不存在。中国人所谓有三不朽：太上有立德，其次有立功，其次有立言。能够立德、立功、立言之人，在当时因受知而为大人物，在死后亦因受知而为大不朽。大不朽是难能的。若仅仅只一个不朽，则是人人都能有而且不能不有的。又所谓“流芳百世，遗臭万年”，其大不朽之程度，实在都是一样。岳飞与秦桧一样的得到大不朽，不过一个大不朽是香的，一个是臭的就是了。

（选自《一种人生观》，1924 年 10 月商务印书馆出版）

命　运

命运之命与性命之命不同。性命之命，即性之从另一方面说者。孟子说：“莫之为而为者，天也；莫之致而至者，命也。”荀子说：“节遇之谓命。”此所谓命，即命运之命。

因将来之事之不可测，人常遇意料不到之事，即所谓意外者。因过去之事之不可变，人所遇之意外，虽系意外，而亦不可磨灭，不可改变。人所遇之意外，有对于其自己有利者，有对于其自己有害者。遇有利的意外，是一人之幸；遇有害的意外，是一人之不幸。一人之幸不幸，就一时说，是一人之运；就一生说，是一人之命。如一人之幸于一时多于其不幸，我们说他的运好；如其不幸于一时多于其幸，我们说他的运坏。如一人之幸于一生多于其不幸，我们说他的命好；如其不幸于一生多于其幸，我们说他的命坏。一人于一时或于一生之幸或不幸，皆是不期其至而自至，所谓“莫之致而至者”。此不是求得者，而是碰上的，此所谓“节遇”。

人生如打牌，而不如下棋。于下棋时，对方于一时所有之可能的举动，我均可先知；但如打牌时，则我手中将来何牌，大部分完全是不可测的。所以对于下棋之输赢，无幸不幸。而对于打牌之输赢，则有幸不幸。善打牌者，其力所能作者，是将已来之牌，妥为利用，但对于未来之牌，则只可靠其“牌运”。

人生如打牌，所以一人在其一生中所有之成败，一部分是因其用力之多少，一部分是因其命运之好坏。《列子》有《力命》篇，说力与命间之争辩。对于过去之事，力是全无用处。对于将来之事，力虽努力为之，亦不敢保一定成功，因对于将来，力不能保无不幸的意外。

不管将来或过去有无意外，或意外之幸不幸，只用力以做其所欲做之事，此之谓以力胜命。不管将来或过去之有无意外，或意外之幸不幸，而只用力以做其所应做之事，此之谓以义制命。如此则不因将来成功之不能定而忧疑，亦不因过去失败之不可变而悔尤。能如此谓之知命。知命可免去无谓的烦恼，所以《易·系辞》说:“乐天知命故不忧。”

（选自《新理学》，1939年5月商务印书馆出版）

道德与品行

人性是善是恶

从社会之观点，以说善恶，其善恶是道德的善恶。道德的善恶，只可对于人说。旧说中讨论人性善恶问题者，其所谓善恶，均就道德的善恶说。

所谓人性，有各种意义。凡讨论此问题者，于讨论之时，须先说明其所讨论者是人之性或人所有之性，以免无谓的纠纷。

先就人之性说，从真际或本然之观点看，有人之性者之义理之性，即人之所以为人者，不能说它是善的或是恶的，即是无善无恶的。从实际的观点看，人之性是属于人之类之物之完全的典型，可以说是至善的。有人之性者之气质之性是可以很善或不很善的。有人之性者之气质，亦可以是很善，可以是不很善的。或亦可以说，有人之性者之气质之性，可有三品；其气质亦可有三品。

从实际或自然之观点看，有人之性者亦是实际的物。若实际的物均可说是善的，则有人之性者亦可说是善的。有人之性者可说是善的，因为人之性可说是至善的。

从实际的物之观点说，凡实际的物皆以其自己之好恶为标准，作善恶之判断。有人之性者，亦可以从其所有之人之性发出之好恶为标准，作善恶之判断，如以此为标准作善恶之判断，则自然以人之性为是善的。

从社会之观点说，人之性亦是善的，其说详下。现且说，从真际之观点说，人之性是无善无恶的；从实际之观点说，人之性是善的；从实际的物之观点说，人之性是善的；从社会之观点说，人之性亦是善的。照我们的说法，人之性可以说是，彻头彻尾地“无不善”。

我们以上所说关于善之诸分别，在旧说中无有。在程朱及一般宋明道学家之哲学中，所谓善即是道德的善；而整个宇宙，亦是道德的，我们的说法，不是如此。我们以为道德之理，是本然的，亦可说是宇宙的。但宇宙中虽有道德之理，而宇宙却不是道德的。

我们说，从社会之观点看，人之性是善的；此即是说，若从社会所立对于善之标准说，人之性亦是善的。社会所立对于善之标准，即是道德的标准，所以合乎此标准之善即是道德的善。

从道德的善说，人之性亦是善的，因为人之性之内容中，即必须有道德。人之性即是人之所以为人者，人之所以异于禽兽者。此人之所以为人者，人之所以异于禽兽者，若用言语说出，即是人之定义。人之有社会，行道德，不能不说是人之所以异于禽兽者之一重要方面。所以在人之定义中，我们必须说及人之有社会，行道德。此是人之定义之一部分的内容，亦即是人之理、人之性之内容。这一点即主张人性恶者，如荀子，亦是承认的。荀子说："水火有气而无生；草木有生而无知；禽兽有知而无义。人有气，有生，有知，亦且有义，故最为天下贵也。"（《王制》篇）又说："故人之所以为人者，非特以其二足而无毛也，以其有辨也。夫禽兽有父子而无父子之亲，有牝牡而无男女之别。故人道莫不有辨：辨莫大于分；分莫大于礼；礼莫大于圣王。"（《非相》篇）荀子这两段所说，是就人之所以为人，人之所以异于禽兽者说，此两段话，即孟子说，亦不过如此。

孟荀所以有争辩，并不是因为他们对于人之所以为人，人之所以异于禽兽者，有什么不同的见解，其所争者在于：此人之所以为人，人之所以异于禽兽者，是人生来即有，抑是生后学习而得？换句话说，人之性对于人，是俱生的，抑是后得的？

照性字之原来的用法，凡可称为一事物之性者，均是与此事物之有而俱有，所谓"生之谓性"。照性字之这样的用法，一事物之性，如果它是性，当然都是俱生的；后得者不名为性而名为习。不过我们所谓性，并不是用"生之谓性"之义。照我们的说法，凡事物属于某类，即依照某理而有某性。所以照我们的说法，一事物之性可以是俱生的，亦可以是后得的。

若说人所有之人之性是俱生的，则即是三张旧说中之性善说；若说它是后得的，则即是主张旧说中之性恶说或无善无恶说；若说人之性对于有些人是俱生的，对于有些人是后得的，则即是主张旧说中之有性善有性不善说。

究竟人所有之人之性是俱生的或后得的？现在我们所有的人都有人之性，这是不成问题的。即我们所认为最不道德的人，我们可以骂他为“不是人”者，亦不能不说他有人之性。因为他亦是在社会中生活者。只要是在社会中生活者，多少总有点人之性。问题是：现在我们所有的人之人之性，是生来俱有的，抑是后来学习得来的？

有两种方法可以解答这个问题，一种是形式的，逻辑的；一种是实际的，科学的。中国哲学家，自孟荀以下，于讨论此问题时，所用之方法，多是实际的、科学的；他们大都根据实际的事实，以证明人之本来是善或是恶。孟子说：“今人乍见孺子将入于井，皆有怵惕恻隐之心。”他以为此恻隐之心，即是仁之端。人皆生而有诸善端。所谓道德，不过是此诸善端之扩充。孟子所举之事实的例，以后宋明道学家皆常用之，以证明人之本来是善。荀子亦举人之“生而有好利”“生而有疾恶”“生而有好声色”等事实的例，以证明人之本来是恶。这些事实的例，以及现在心理学中所讲关于人性诸理论，我们现均不引用。我们是讲哲学，并不是讲科学。就讲哲学的立场，我们只用形式的，逻辑的方法，以解决这个问题。

无论我们以为人所有之人之性是俱生的或是后得的，我们必须承认，现在所有的人，是都有人之性的，此点上文已说到。即令我们说人所有之人之性是后得的，我们亦须承认，人之为物，必有一种结构，使之能学得人之性。此即是说，人必有对于人之性之气质，方可有人之性，此气质必是俱生的，因为并不是所有的物，皆能学得人之性。其所以不能学得人之性者，因其本来无此种气质也。若本来无此种气质，则无论如何学习，终如以沙煮饭，终不能成。若说此种气质亦是学得的，则我们亦须承认，人必须有一种结构，使之可以学得此种气质，其理由还是因为不是所有的物皆能有人之性。如此无论如何推下去，我们总可以说，人必须生来即有对于人之性之气质，或此种气质之气质，或此种气质之气质之气质。如此可以写得很长，而我们的理由，总是不变。荀子亦说："然而途之人也，皆有可以知仁义法正之质，皆有可以能仁义法正之具，然则其可以为禹，明矣。"（《性恶》篇）"知仁义法正之质，能仁义法正之具"，正是对于人之性之气质，或此种气质之气质。

若人皆生而有对于人之性之气质，或此种气质之气质，则人必生而即有所依照于人之理，因对于人之性之气质，或此种气质之气质，是有所依照于人之理而有的，否则即不成其为对于人之性之气质，或此种气质之气质。人生而即有所依照于人之理，则此所依照于人之理者，即人所有对于人之性之气质之性也。由此方面看，凡人所有之性，其需要一种生理的或心理的基础者，无论是否需要学习而后有，皆可以说是俱生的。

孟子以为人之所以异于禽兽者，在其有父子之亲，君臣之义等。亚里士多德以为人是政治动物，必在国家之政治组织中，人方能实现其形式，用我们的话说，方能实现其理。人必在社会的，道德的生活中，方能实现人之所以为人者，人之所以异于禽兽者。

这种说法，大体是不错的。孟子、亚里士多德的错误，在于不只说，人欲实现人之理，须有社会的生活，而且说须有某种社会的生活。如所谓君臣、国家等，只于某种社会内有之，并不是于凡社会内皆有之。

孟子及亚里士多德以为人之性对于人是俱生的，此点我们亦主张之，其说已如上述。不过我们不主张，如道家所说，人若顺其自然发展，不必勉强，则自有社会的、道德的生活。道家虽未标明主张性善，而实则是极端地主张性善者。他们以为人若顺其自然，则自有道德的、社会的生活，不必人讲道德，提倡道德。讲道德，提倡道德，适足以乱人之性，引人入于虚伪。《庄子·天道》说，老聃谓孔子云:“夫子亦放德而行，循道而趋，已至矣。又何偈偈乎揭仁义，若击鼓而求亡子焉。噫！夫子乱人之性也。”放德而行，循道而趋，即是顺人性之自然也。我们亦不必主张如宋明道学家所主张之极端性善论。宋明道学家以为人之性如完全的宝珠，其在人如一宝珠在混水中。宝珠虽为混水所蔽，而其为完全的宝珠自若。陆王一派，更有“满街都是圣人”之说。我们不必如此主张，即孟子所说性善，亦不如此极端。我们只需说，对于人之性之气质，是人所生而有者。只需如此说，我们即可说人之性对于人是俱生的，人之社会的生活，道德的行为，是顺乎人所有之人之性之自然的发展。

但社会的生活，道德的行为，对于人亦很有勉强的方面。主张性恶者特别注重此方面，我们亦不能说他们没有理由。人不仅有人之性，而且有人所有之性，及一个人所有之性，其中有许多显然是俱生的，而且是与人之性有冲突的。人所有对于人之性之气质，亦未必是完全好的。所谓未必是完全好的者，即未必完全能为人之理之实现之所依据。因此两种原因，所以社会的生活，道德的行为，虽是顺乎人所有之人之性之自然的发展，而对于人亦很有其勉强的方面。

就气质方面说，一某事物之气质或气禀，未必能使其气质之性，充分合乎其义理之性，未必能充分实现其理，上文已说。人所有对于人之性之气质或气禀，因人而殊。有能使其气质之性充分合乎人之义理之性者，有不能使其气质之性充分合乎人之义理之性者。所以人有贤愚善恶之不齐。关于这一点，程朱已看清楚。明道说："论性不论气不备，论气不论性不明，二之则不是。"此所说气谓气质或气禀；此所说性谓人之义理之性，即人之理。必二者兼论，然后性善之说，始可以无困难。盖若不论气质，则关于人之所以有不善，甚难解释。兼气质与义理之性，则我们可说义理之性是善，但关于人之所以有小善，亦有充分的解释。所以朱子说："气质之说，大有功于圣门。自张程之说立，而诸子之说泯矣。"

但我们上所说之另一端，程朱尚未注意到。我们于上文说过，一切事物，均有正性与辅性。人之性是人之正性，但人亦有许多辅性。人不仅是人，而且是动物，是生物，是物。人于所有人之性之外，尚有一切动物，一切生物，一切物，所同有之性，此即我们所谓人所有之性。此亦是一切人所同有者，但不是人之正性，而是其辅性。人在此诸方面亦均有其义理之性，气质之性，及气质或气禀。例如人在其是动物之方面，其义理之性即动物之理；其气质之性，即其所实际地依照于动物之理者、其气质或气禀即人在其是动物之方面所有之某种结构，以实现其动物之理者。就动物之理之本身说，可说是无善无恶的，亦可说是至善的，就人在其是动物方面之气质之性说，其能十分地充分合乎动物之理者，是十分地善，否则不是十分地善。就其关于此方面之气质或气禀说，能使其气质之性充分合乎其理者，能充分实现其理者，是善，否则是不善或恶。关于人所有之其他诸性，如生物之性、物之性等，亦均如此例推。

此是从真际或实际之观点看。若从社会之观点看，或从人之所以为人者之观点看，则如从人所有之性所发之事，与从人之性所发之事有冲突时，则从人所有之性所发之事是不道德的。例如好生恶死，是根于人所有之生物之性，凡是生物，都是好生恶死的。由此发出之行为，即求生避死。若此行为不与由人之性发出之行为，发生冲突，则此行为是无所谓道德的或不道德的。但有时求生避死之行为，与由人之性所应发之行为有冲突，如此则此求生避死之行为，是不道德的。已往及现在历史中有许多杀身成仁、舍生取义之行为。这些行为，皆是舍弃从人所有之生物之性所应发出之行为，而取从人之性所发出之行为。如舍弃应从人之性所发出之行为，而取从人所有之生物之性所发出之行为，则其行为是不道德的。我们于此，必以人之性为标准，以判定是非，因为人之性是人之正性。若欲是人，则必顺人之正性，不顺其辅性。人所有之性，虽其本身不是不道德的，但有些不道德的行为，足从这些人所有之性发出者。所以人所有之性，从人之所以为人者之观点看，亦是道德的恶之起源。

我们说从人所有之性发出之事与从人之性发出之事有冲突时，而不说人所有之性与人之性有冲突时，因为人所有之性与人之性在根本上是无冲突的。不但无冲突，人之性之有涵蕴人所有之物之性，生物之性，动物之性等之有。但由其所发生之事，则有冲突之时，如以上所举之例。

在有许多时候，从人所有之性所发出之事之所以是不道德的者，并不是与人之性所发出之事有冲突，而是与某种社会之理所规定之规律相冲突。如系此种情形，则此种事在别种社会内，即可以不是不道德的。

从一个人所有之性所发出之事，如与从人之性所发出之事有冲突时，亦是不道德的。所以一个人所有之性，亦是道德的恶之起源。此诸性非一切人所共有者，所以在根本上即有与人之性冲突者。

（选自《新理学》，1939 年 5 月商务印书馆出版）

人性与道德制度及风俗习惯

哲学家中，常有以“人心”“道心”“人欲”“天理”，对言者；性善性恶，亦为中国数千年来学者所聚讼之一大公案。依上所说之意，凡欲皆好，则人性亦自本来是善，或亦可说，欲本是天然的事物，只是如此如此，正如山及水之如此如此，本无所谓善恶，或亦只可谓为可能的善或恶。但人因欲之冲突而求和；所求之和，又不能尽包诸欲；于是被包之欲，即幸而被名为善，而被遗落之欲，即不幸而被名为恶矣。所被名谓善者，又被认为天理；所被名为恶者，又被认为人欲。人欲与天理，又被认为先天根本上立于反对的地位。吾人以为除非能到诸欲皆相和合之际，终有遗在和外之欲。则欲终有善恶之分。欲之善者，名为“道心”可，名为“天理”亦可。欲之恶者，名为“人心”可，名为“人欲”亦可。要之其分界乃相对的，非绝对的；理由详下。

所谓道德及政治上、社会上之种种制度，皆是求和之方法，皆所以代表上文所谓“人道”也。现在所有之诸特殊的方法，虽未必对，即虽未必真是所谓人道之当然，然求和之方法终不可少，人道终不能废。荀子云：“人生而有欲；欲而不得，则不能无求；求而无度量分界，则不能不争；争则乱；乱则穷。”（《荀子·礼论篇》）人不能生存于乱中，所以必有道德制度以整齐划一之。故无论何种社会，其中必有道德制度，所谓“盗亦有道”，盖若无道，其社会即根本不能成立矣。历史上所有之道德的，政治的，社会的革命，皆不过以新道德制度代旧道德制度，非能一切革去，使人皆随意而行也。其所以者，盖因人与人之间，常有冲突；人间之和，既非天然所已有，故必有待于人为也。

哲学史中，诚亦有反对一切道德制度，而欲一切革去者。和为天然所已有，故无须人为以求之，此其所根据之假定也。如庄子所说，老聃驳孔子云：“夫子若欲使天下无失其牧乎？则天地固有常矣；日月固有明矣；星辰固有列矣；禽兽固有群矣；树木固有立矣；夫子亦放德而行，循道而趋，亦至矣。又何偈偈乎揭仁义，若击鼓而求亡子焉？噫！夫子乱人之性也！”（《庄子·天道》）此即谓天然界本来是一大和；“万物”本来即“并育而不相害”，“并行而不相悖”。在其天然状况中，诸物本来不相冲突，故无须一切道德制度也。如使世界果本来如此所说，则诚亦无须道德制度。但世界果本来如此所说乎？“天地固有常”；“日月固有明”；然而禽兽之相害，人类之相残，亦皆事实也。惟其有此事实，所以儒家不能不“偈偈乎揭仁义，若击鼓而求亡子”；道家亦不能不“偈偈乎”反“仁义，若击鼓而求亡子”也。

近数年中，有所谓礼教吃人之说。依吾人之见，凡道德制度，除下所说能包括一切欲者外，盖未有不吃人者。盖一种道德制度所得之和，既不能包括一切欲，则必有被遗落而被视为恶而被压抑者。此被压抑者，或为一人诸欲中之一欲，或为一人之欲，或为一部分人之欲。要之道德制度，既有所压，即有所吃，即可谓为恶。瑞安陈介石先生曰：“杀千万人以利一人，固不可也。杀一人以利千万人，亦奚可哉？”孟子云：“行一不义，杀一不辜，而得天下，皆不为也。”（《孟子·公孙丑》上）严格地说，即杀一辜而得天下，亦岂可为？不过吾人在此世界中，理想的办法，既一时不能得，故不能不于“害之中取小”而定为道德制度；如此则人虽有为道德制度所吃者，而尚可免人之相吃。此亦人生不幸之一端也。

不过道德制度皆日在变改之中。盖因道德制度，未必即真是人道之当然；且人之环境常变，故即客观的人道之当然亦常变。若有较好的制度，即可得较大的和。所得之和较大一分，所谓善即添一分，所谓恶即减一分。所谓恶减一分，即被压抑而被吃之欲少一分，而人生亦即随之较丰富、较美满一分。譬如依从前之教育方法，儿童游戏是恶，在严禁之列，而现在则不然。正因依现在之教育方法，游戏亦可包在其和之内故耳。假使吾人能立一种道德制度，于其中可得一大和，凡人之欲，皆能包在内，“并育而不相害”，“并行而不相悖”，则即只有善而无恶，即所谓至善，而最丰富、最美满的人生，亦即得到矣。道德制度必至此始可免吃人之讥。至于此等道德制度果否可能，乃另一问题；吾人固深望其能，而又深惧其不能也。不过知此则知所谓天理人欲之分界，乃相对的，非绝对的。

道德制度，如已极端普遍流行，一般人对之皆不知不觉而自然奉行，则即成为风俗。社会之有风俗，犹个人之有习惯。个人之较复杂的活动，方其未成习惯之时，须用智力之指导；但及其行之既久，已成习惯之后，则即无须智力之指导，而自达其目的。社会中之风俗，其始亦多系理智所定之道德制度，以种种方法，如刑法教育之类，使人勉行者；及其后则一般人皆有行之之习惯，不知其然而自然行之，于是即成为风俗。

社会中之风俗与个人之习惯，皆为人生所不可少者。先就个人之习惯言之，在吾人日常生活中，大部分之事，皆依习惯而作。惟其如此，故吾人之智力，可专用以应付新环境，新事实，而作新活动。若非然者，吾人将终身循环于简单的活动之中，永无进步之可能矣。如吾人幼时之学走路写字，甚非易事；但既成习惯之后，吾人只须决定向何处行，则吾人之腿即机械地自然而走；吾人只须决定写何字，则吾人之手即机械地自然而写；皆不更须智力之指导。如吾人之写字，终身皆如始学写字时之费事，则吾人将不能执笔作文，盖执笔时吾人将永须以全力注意于写字也。其他类此之事甚多。总之吾人若对于诸活动不能有习惯，则将终日只能做穿衣、吃饭、漱口、刷牙等事，而他一切事皆不能做矣。故习惯乃效能及进步之必要条件也。

风俗之在社会，犹如空气，使人涵养其中，不有意费力而自知诸种行为之规律，何者为所应做之事，何者为所不应做之事；其维持社会安宁及秩序之力，盖较道德制度为尤大。盖人之遵奉诸制度与道德，乃有意的，而其遵奉风俗，乃无意的，自然的也。

习惯与风俗之利，已如上述。然因习惯、风俗之固定而不易变，吾人如发现某种习惯或风俗之有害，而欲改之之时，亦极困难。于是所以使进步可能者，反足以阻碍进步。社会中之风俗，尤为如此。然吾人于打破旧风俗之后，必成立新风俗，于打破旧习惯之后，必成立新习惯。此亦吾人所无可奈何者也。

（选自《人生哲学》，1926 年 9 月商务印书馆出版）

不道德的道德行为

《庄子·胠箧》说："跖之徒问于跖曰：'盗亦有道乎？'跖曰：'何适而无有道耶？夫妄意室中之藏，圣也 入先，勇也；出后，义也；知可否，知也；分均，仁也。五者不备，而能成大盗者，未之有也。'由是观之，善人不得圣人之道不立，跖不得圣人之道不行。"此所谓道，即我们所谓道德。照此说法，我们可以做道德的事以达到不道德的目的，而且有些不道德的目的非做道德的事不能达到。所谓"为之仁义而矫之，则并与仁义而窃之"。窃仁义者为大盗；且非窃仁义不能为大盗。所以从此观点看，必绝圣知，废仁义，大盗乃可止。

照此说法，道德的事，可以是不道德的，可以有不道德的道德。此说虽似奇突，但于道德之实际的用处，则所见甚明。一社会如能组成，其中之分子，必依照社会之理所规定之基本规律以行动。此种行动是道德的。跖之团体，亦是一社会，此社会如能成立，则其中之分子，必有入先，出后，分均等道德的事。必如此，此社会始可成立。但于此社会既成之后，此社会可以做道德的事或不道德的事。正如科学的发明，可用以做有益于人生之事，亦可用以作战争及盗贼的工具。于是遂有以为须废弃科学以减少战争及盗贼者。科学的发明，可以用于不道德的用途，此易于了解，因科学之本身，对于道德或不道德是中立的，其发明之应用，自然无所不可。但道德之本身，即是道德的，何以能有不道德的用途？何以能有不道德的道德？此似难于了解。

但依我们上面的说法，此亦不难了解。社会有其理所规定之基本规律，为构成社会之分子所必依照以行动者。凡依照此规律以行动者，其行动是道德的；反之，则其行动是不道德的。但一社会之上，可有另一较高的社会，一社会之自身是一社会，但同时又是其较高的社会之构成分子。若此社会之行动，不依照其较高的社会所依照之理所规定之基本规律时，则此社会之行动是不道德的。但构成此社会之分子之行动，则系依照此社会所依照之理所规定之基本规律，所以是道德的。例如盗跖所率领之团体，其本身系一社会。其中之分子之行为，若出后，入先等，系依照其社会之理所规定之基本规律者，所以是道德的。但其社会所作之盗贼的行为，对于其所属于之较高的社会说，则是违反其所依照之理所规定之基本规律，所以是不道德的。又如在一国之内，杀人为最大的不道德，但两国交战，杀敌又是最大的道德。但若从一较国更高之社会之观点看，则负战争责任之国家，其战争行为，又是不道德的。

由此可知，一种行为，无论其为个人的或团体的，若不站在其所属于之社会之观点看，则无所谓道德的或不道德的。例之最明显者，即如上所说，国家之行为。不承认国之上有更高的社会者，以为国家之行为，不入于道德的判断之内。盖国之上既无更高的社会，则国之行为，无所谓合乎一社会所依照之理所规定之基本规律与否，所以亦无所谓道德的或不道德的。凡以为国之行为，可以是不道德的者，皆系从一超乎国之上之另一较高的社会之观点说。实际上此较高的社会尚未完全成立。国之行为，尚不能完全入于道德的判断范围之内者，正因此也。虽然如此，在现在世界中，所有国家，无论其是否负战争责任，皆不愿承认其负战争责任。此可见超乎国之上之更高的社会之观点，已渐为一般人所承认矣。若不承认此观点，则一国家对于其自己之行为，尽可不必有所说明辩护，而只需说“我所以如此，只因我愿如此”即可。但在现在的世界中，已无国家愿如此说。

照以上的说法，我们可见：并不能有所谓不道德的道德。一道德的行为，总是一道德的行为。其似可以是不道德的，如《庄子·胠箧》所说者，并不是此道德的行为是不道德的，而是有此道德的行为之人所属于之社会之行为是不道德的。负战争责任之国家之战争行为，若从一较高的社会之观点看，是不道德的。但其勇敢的兵士之行为，还是道德的。

（选自《新理学》，1939 年 5 月商务印书馆出版）

守冲谦

假使一个美国人，因有某种成绩，受了别人的夸奖，照美国人的规矩，他对于夸奖他的人的答复，应该是:“多谢你的夸奖。”或:“多承夸奖，感激不尽。”假使一个中国人，因有某种成绩，受了别人的夸奖，照中国人的规矩，他对于夸奖他的人的答复，应该是:“不敢当。”或:“毫无成绩，谬承过奖。”在这种情形下，美国人的答复，是承认自己有成绩；而中国人的答复，是否认自己有成绩。自己有成绩，而不认为自己有成绩，此即所谓谦虚。虚并不是虚假的意思。《论语》说:“有若无，实若虚。”虚者对实而言。真正谦虚的人，自己有成绩，而不以为自己有成绩；此不以为并不是仅只对人说，而是其衷心真觉得如此，即所谓“有若无，实若虚”。

“自卑而尊人，先彼而后己”。这本是社会所需要的一种道德。社会上的礼，大概都是根据这种道德而有的。无论哪一国家或民族的礼，或哪一种社会的礼，其详细节目或有不同，但其主要的意思，总不离乎“自卑而尊人，先彼而后己”。一个美国人对于夸奖他的人的答复，虽不是自卑，而却是尊人。因为照他的看法，若否认自己有成绩，即是直斥夸奖他的人的错误。直斥人的错误，是无礼的。中国人对于夸奖他的人的答复，虽不是尊人，而却是自卑。所谓“谬承过奖”，即是说：“你对于我夸奖太过，你错了。”照美国人的看法，这是很不客气的话。照中国人的看法，这不客气，是为自卑而起，所以虽不客气，而决不会引起对方的误会。

我们常听说，人须有“自尊心”。上所谓自卑，并不是有自尊心的反面。孟子说：“人有不为也，而可以有为。”一个人在消极方面，有有不为之志，在积极方面，有有为之志，这种人谓之有自尊心。无自尊心的人，认为自己不足以有为，遂自居于下流，这亦可说是自卑。不过此自卑不是上所谓自卑。此自卑我们普通称之为自暴自弃。孟子说：“舜何人也？予何人也？有为者亦若是。”有这一类的志趣者，谓之有自尊心。在行这一类的志趣的时候，完全用不着与人客气，用不着让。所谓“当仁不让”是也。但在人与人的普通关系中，则彼此之间，需要互让。让是礼的一要素。所谓客气，所谓礼貌，都有让的成分在内，所以我们常说“礼让”。上所谓自卑，是让的表现，并不是自暴自弃。

有些人认为，有自尊心，即是在人与人的普通关系中，以自己为高于一切，这是错误的。有自尊心是就一个人的志趣说。上所谓自卑，是就人与人间的礼让说。二者中间，并没有什么关系。

说到让，或者有人以为与所谓斗争，或奋斗等精神不合。这以为又是错误的。所谓斗争，可以提倡者，只能是团体与团体间的斗争，不能是一个团体内的人与人的斗争。有提倡民族斗争者，亦有提倡阶级斗争者，但是没有人提倡，亦没有人能提倡，人与人斗争。这是不能提倡的。所谓不能提倡者，即谓，如有提倡者，其说一定是讲不通的。无论我们赞成民族斗争或阶级斗争之说与否，其说是讲得通的。但如有提倡人与人斗争者，其说是讲不通的。如有人以为，提倡民族斗争或阶级斗争者，必亦提倡人与人斗争，此以为亦是错误的。持此等以为的人可以说是"不明层次"。因为所谓民族或阶级，不是与人在一层次之内的。

所谓奋斗者，不过是说，一个人应该努力去做他所应该做的事，或他所愿意做的事。斗字在此，只是一种比喻，并不含有侵害别人的意思，与斗争之斗不同。一个人于不侵害别人的范围内，当然可以，而且应该，努力做他自己所应该做的事，或他所愿意做的事。这里用不着让，亦实在不发生让或不让的问题。一个人读书，求学问，用不着让别人占先，并且还可以争着占先。但他若因此，而于与别人共饭时，亦抢着吃菜而不让人，则他可说是"不知类"。因为求学问与吃饭，在这一方面，并不是一类的事。

以上所说，是普通所谓谦虚，但就中国的传统思想说，谦虚并不仅只是如此。就中国的传统思想说，谦虚是一种人生态度，其背后有很深的哲学的根据。此哲学根据，一部分即是《老子》及《易传》中所讲的道理。

老子对于人生，有很深的了解。他观察人生，研究人生，发现了许多道理或原则。这些道理或原则，他名之曰“常”。他以为人若知道了这“常”，而遵照之以行，则即可以得利免害。若不知这些常而随便乱作，则将失败受害。他说：“知常曰明。不知常，妄作，凶。”

在这一点，老子很有科学的精神。科学的目的，或其目的之一，亦是欲发现宇宙间的许多道理而使人遵照之而行。人若遵照这些道理而行，他可以得到许多利益。我们常说：“科学能战胜自然。”就一方面说，它是能战胜自然；就又一方面说，它之所以能战胜自然，正因它能服从自然。

老子所说的话，有许多对于道德是中立的。在这一点，他亦与一般科学家相似。科学家所讲的道理，对于道德是中立的。有些人可以应用科学家所讲的道理做道德的事，有些人亦可以应用科学家所讲的道理，做不道德的事。但对于这些 科学家都是不负责任，亦不能负责任的。在有些地方，老子亦只说出他所发现的道理，至于人将应用这些道理做些什么事，老子是不负责任，亦不能负责任的。例如老子说：“将欲歙之，必固张之；将欲弱之，必固强之；将欲废之，必固兴之；将欲取之，必固与之。”有人因此说，老子讲阴谋。其实老子并不是讲阴谋，不过阴谋家可应用这些道理，以遂其阴谋而已。

老子说：“反者，道之动。”照老子的看法，一某事物，若发展至其极，则即变为其反面，此所谓“物极必反”。《易传》中亦讲这个道理。旧说《易》《老》相通。其相通的主要的一点，即是《易》《老》皆持“物极必反”之说。

海格尔亦说：事物皆含有其自己的否定。若一某事物发展至极，则即为其自己所含有之否定所否定。所以一切事物的发展，都是所谓自掘坟墓。马克思的历史哲学，亦用海格尔此说，不过他不以心或观念为历史的主动力，而以经济的力量为历史的主动力。所以他的历史哲学称为物质史观或经济史观。

一某事物的发展，如何是已至其极？有些事物，其极是对于客观的环境说，有些则是对于主观的心理说。例如马克思说，一个资本主义的社会，若发展至其极，则即为其自身所含有之否定所否定，资本主义的社会的发展是“自掘坟墓”。资本主义的社会之极，是对于客观的环境说。所谓客观的环境，亦是一种事物自身所造成的。每一种事物，在其发展的过程中，自身造成一种环境。如这种环境，使此种事物不能继续存在，则此种事物的发展，即已至其极。因为这种环境是这种事物自身所造成的，所以这种环境即是这种事物自身所掘之坟墓，亦即其自身所含有的否定之表现。

就资本主义的社会的发展说，其极是对于其自身所造成的环境说。但就一个资本家的财产的发展说，其极是可对于一个资本家的主观心理说。假使有一个国家的法律，规定一个资本家的财产，不能超过一百万元，则此国内的资本家的财产，如到一百万元，即已至其极，就此方面说，或就类乎此的方面说，一个资本家的财产的发展，亦是对于客观的环境说。不过这一种极是人为的，不是自然的，所以这一种极不必引起反。但假如虽没有这些限制，而一个资本家发财至一百万元时，此人即已志骄意满，以为他已是天下第一富人，而再不努力经营他的工业或商业，如此，则一百万元对于此人，即是其财产之极。到了此极，此人的工业或商业，即只会退步，不会进步，而其财产亦只会减少，不会增加了。

又譬如一个人有很大的学问，但他总觉得他的学问不够，此人的学问，对于此人，即尚未至其极。此人的学问，即还有进步的希望。另外有一人，虽只读过几本教科书，但自以为已无所不知，无所不晓，此人的学问，对于此人，即已至其极。此人的学问，不但没有进步的希望，而且一定要退步。旧说所谓“器小易盈”即是指这一类的人说。小碗只需装一点水，即至其容量之极。再加水，即要溢出来，此所谓“易盈”也。《易》《老》所谓极，大概都是就这些方面说。

如欲使一某事物的发展，不至乎其极，最好的办法，是使其中先包括些近乎是它的反面的成分。例如一个资本主义的社会，如发展至一相当程度，而仍欲使其制度继续存在，最好的办法，是于其社会中，先行一些近乎是社会主义的政策。如有人问一马克思的信徒，英美等国的资本主义已经很发展了，何以在这些国内，还没有社会革命发生呢？最好的答案是，因为英美等国的资本家，在有些地方，采用了近乎是社会主义的政策，例如工会组织，社会保险，失业救济等，以缓和阶级斗争。英美等国的资本家，与他们的工人的关系，已不是如马克思等所说的那样单纯了。这些资本家，于其资本主义的社会内，先容纳些近乎是社会主义的成分，所以他们可以使他们的制度继续存在，而不至于造成一种环境，使其不能继续存在。这种办法，最为反对他们的人所厌恶，因为这是维持他们的制度的最好办法。共产党人最恨温和的社会主义。因为共产党人主张推翻资本主义的社会，而温和的社会主义反可使资本主义的社会继续存在。

就社会说是如此，就个人说亦是如此。如一个人想教他的事业或学问继续发展进步，他须常有戒慎恐惧之心。人于做事将成功时，往往有志得意满的心；于做事将失败时，往往有戒慎恐惧的心。戒慎恐惧近乎是志得意满的反面。我们说近乎是，因为志得意满的真正反面，是颓丧忧闷。人若常存戒慎恐惧的心，则是常存一近乎是志得意满的反面的心。所以他的事业，无论如何成功，如何进展，都不是其极。所以他的事业，可以继续发展进步。《易传》说："危者，安其位者也；亡者，保其存者也；乱者，有其治者也。是以君子安而不忘危，存而不忘亡，治而不忘乱，是以身安而国家可保也。《易》曰：'其亡其亡，系于苞桑。'"若一国之人，常恐其国要亡，则其国即安如磐石。正说此义。我们可以说：一个人做事，如常恐失败，他大概可以成功；如常自以为要成功，他大概必要失败。

一个人的这种戒慎恐惧的心理，在态度上表现出来，即是谦虚。真正谦虚的人，并不是在表面上装出谦虚的样子，而是心中真有自觉不足的意思。他有这种心，他的事业，自然可以继续发展进步，无有止境。所以《易》谦卦彖辞说:“天道亏盈而益谦，地道变盈而流谦，鬼神害盈而福谦，人道恶盈而好谦。谦尊而光，卑而不可逾，君子之终也。”旧说，谓谦卦六爻皆吉，表示人能谦则无往不利的意思。

谦卦彖辞以谦与盈相对而言。旧说亦多以为与谦相对者是盈或满。一个人对某一种事觉得满了，即是此种事的发展对于他已至其极了。已至其极，即不能再有发展进步。所以说:“满招损，谦受益。”严格地说，与盈或满相对者是冲或虚。老子说:“道冲而用之或不盈。”冲是与盈相对者。我们常说，冲谦，谦虚。冲或虚是就一个人的心理状态说。谦是就此种心理状态之表现于外者说。盈或满亦是就一个人的心理状态说。此种心理状态之表现于外者是骄。骄是与谦相对者。骄盈是与谦虚相对者。

以上说，一个人对于他的事业，如常有自觉不足的意思，他的事业即可继续发展进步，无有止境。所以说 “高而不危，所以长守贵也；满而不溢，所以长守富也。”“高而不危”，即是说，一人之贵，对于他尚不是其极。“满而不溢”，即是说，一人之富，对于他尚不是其极。如一人之富贵，对于他不至其极，他即可以继续富贵。又如说:“学如不及，犹恐失之。”一个人如果常能学如不及，他的学问，自然可以继续进步。反之，如一个人对于他的事业或学问，有了志得意满的心，他的事业或学问，对于他即已至其极，已至其极，即不能再有发展进步了。

以上是就一个人及其事业说。就人与人的关系说，谦亦是一种待人自处之道。人都有嫉妒心，我在事业，或学问等方面，如有过人之处，别人心中，本已于不知不觉中，有嫉妒之意。如我更以此过人之处，表示骄傲，则使别人的嫉妒心愈盛，引起他的反感。大之可以招致祸害，小之亦可使他不愿意承认我的过人之处。所谓名誉者，本是众人对于我的过人之处之承认。我有过人之处，众人亦承认我有过人之处，此承认即构成我的名誉。若我虽有过人之处，而众人不愿意承认之，则我虽有过人之处，而名亦不立。老子说："富贵而骄，自遗其咎。"以富贵骄人，或以学问骄人，或以才能骄人，如所谓恃才傲物者，大概都没有好结果。若我虽有过人之处，而并不以此骄人，不但不以此骄人，而且常示人以谦，则人反极愿意承认我的过人之处，而我的名誉，可立可保。老子说："不自见故明，不自是故彰，不自伐故有功，不自矜故长。夫惟不争，故天下莫能与之争。"正是说上所说的道理。

所以古人以玉比君子之德。所谓"温其如玉"。玉有光华而不外露，有含蓄的意思。我们的先贤，重含蓄而不重发扬。含蓄近乎谦，而发扬则易流为骄。

朱子《周易本义》谦卦卦辞注云："谦者，有而不居之意。"有而不居，本是老子所常说的话。老子说："生而不有，为而不恃，功成而弗居。夫惟弗居，是以不去。""夫惟不居"下又说"是以不去"。"是以不去"是说"有而不居"的好处。此是就利害方面说。我们以上说谦虚的好处，及骄盈的坏处，亦是就利害方面说。若就另一方面说，一个人可以有一种知识或修养，有此种知识或修养者，可以无意于求谦虚而自然谦虚，无意于戒骄盈而自然不骄盈。

有此种知识或修养的方法有三种。一种是重客观，一种是高见识，一种是放眼界。

先就重客观说。我们知道，某一种事，必须在某一种情形下，方能做成。此某一种情形，我们名之曰势。一时有一时的势，所以势有时称为时势，有时亦称为时。例如飞机的发明，必须在物理学、气象学、机械学已进步到相当程度的时候。在这时候，人对于此各方面的知识，以及各种材料上的准备，构成一种势，在此种势下，人才可以发明飞机。一个人发明了飞机，即又构成了一种势。就此方面说，这是英雄造时势。但他必须在某种势下，才能发明飞机，就此方面说，这是时势造英雄。一个英雄，若能知道，他亦是时势所造，他对于他的事业，即可以有“有而弗居”的心。有“有而弗居”的心，他当然无意于求谦虚，而自然谦虚，无意于戒骄盈，而自然不骄盈。

我们现在的人，可以有许多知识，为前人所未有者。但我们决不能因此即自以为，我们个人的聪明才力，是超乎古人的。我们所以能如此者，完全因我们的凭借，比古人多，比古人好。譬如我们现在能飞行，古人不能飞行，这完全因古人无飞机，我们有飞机之故，并不是我们的身体，与古人有何不同。有许多事情的成功，是时为之，或势为之，不过时或势总要借一些人，把这些事做了。这一些人，对于做这些事，固然不能说是没有贡献，但若他们竟以为这些事的成功，完全是他们自己的功劳，此即是“贪天之功以为己力”。所谓“功成弗居”，实即是不“贪天之功”而已。不贪天之功者，无意于求谦虚，而自然谦虚，无意于戒骄盈，而自然不骄盈。

再就高见识说，一个人少有所得即志得意满者，往往由于见识不高。一个学生在学校里考试，得了一百分，或是在榜上名列第一。这不过表示，在某种标准下，他算是程度好的。但是，这种标准，并不是最高的标准。若从较高的标准看，他的这一百分，或第一名，或可以是一文不值。明儒罗念庵于嘉靖八年中了状元。他的岳父喜曰:“幸吾婿建此大事。”罗念庵说:“丈夫事业，更有许大在。此等三年递一人，何足为大事也。”一个人对于他自己的成就，若均从较高的标准看，则必常觉其不及标准，而自感不足。所谓见识高的人，即有见于此所谓较高的标准，而不屑于以较低的标准，衡量其自己的成就者。旧说，人须“抗志希古”，此即谓，凡做事均须以较高的标准为标准。

凡是古的，都是好的，这固然是旧日的人的一种错误的见解，但旧日的人持这一种见解，也不能说是完全没有根据。以文艺作品为例说，现存的古代文艺作品，实在都是好的。不过这并不是因为古人“得天独厚”，如旧日的人所说者，而是因为这些作品都已经过时间的选择。古代并非没有坏的文艺作品，我们可以说，其坏的作品，至少与现在一样多。不过那些作品，都经不起时间淘汰，而早已到了它们应该到的地方，那即是字纸篓。时间是一位最公平的大选家，经过它的法眼以后，未经它淘汰的，都是好的作品。所以现在留下的古代文艺作品，都是好的，没有坏的。所谓“抗志希古”者，就文艺方面说，即是我们写作，须以经过时间选择的作品为法，我们衡量我们的作品，亦须以这些作品为标准。如果一个人能以韩退之的或苏东坡的作品，为衡量他的作品的标准，他即可见，他的作品，如不能达到此标准，即使能在某学校内得到一百分，这一百分实在是不算什么的。如果他有如此的见识，即在某学校内得了一百分，他也决不会志得意满。

即使一个人已能做出如韩退之的，或苏东坡的文艺作品，他还可见，于这些作品之上，还有文艺作品的理想标准，以此标准为标准，即历史上大作家的作品，也还不能都是尽善尽美。大作家于创作时，往往因为一两字的修改，弄得神魂颠倒。可见文艺作品的理想标准，如非不可及，亦是极不易及的。

以上虽只举文艺作品为例，但我们可以说，在人事的各方面，都有如以上所说的情形。旧说：“取法乎上，仅得其中；取法乎中，仅得其下。”仍就文艺方面说，以文艺作品的理想的标准为法者，可以成为大作家，如韩苏等。但如以韩苏为法者，则对于韩苏只有不及，不能超过。至于以未经时间淘汰的作品为法者，则其成就，必定是“每况愈下”。

有高见识者，凡事均取法乎上。既均取法乎上，所以他对于他自己的成就，常觉得不及标准，而自感不足。程伊川说：“人量随识长。亦有人识高而量不长者，是识实未至也。”以上文之例说之，知学校内定分数的标准，不过是一种标准，是识长也。因此即不以一百分自满，是量长也。所谓量即是容量的意思。器小易盈即是量小。量随识长者，无意于求谦虚，而自然谦虚，无意于戒骄盈，而自然不骄盈。

再就放眼界说。人之所以少有所得，即志得意满者，往往亦由于眼界不阔，胸襟不广。一个三家村里的教书匠，在他村里，在知识方面，坐第一把交椅，他即自命不凡，自以为不可一世。这是由于他的眼界只拘于他的一村以内的缘故。他的眼界既窄，胸襟自然亦狭，所以亦是“器小易盈”。他若能将他的眼界放至他的村外，以及于一乡，一县，他即可知，他的知识，实在有限，而在三家村里坐第一把交椅，实在不算什么了不得的事。若一个人能将他眼界放至与宇宙一样大，他即可见，虽有盖世功名，亦不过如太空中一点微尘。他若有这等眼界，他自然不期谦虚，而自然谦虚，不戒骄盈，而自然不骄盈。

《庄子·秋水》篇说：“计四海之在天地之间也，不似礨空之在大泽乎？计中国之在海内，不似稊米之在大仓乎？号物之数谓之万，人处一焉，人卒九州，谷食之所生，舟车之所通，人处一焉。此其比万物也，不似毫末之在于马体乎？五帝之所连，三王之所争，仁人之所忧，任士之所劳，尽此矣。”《庄子·则阳》篇说：“游心于无穷。”宇宙是无穷，把自己的眼界推到与宇宙同大，亦是一种“游心于无穷”。在这样大的眼界中，无论怎么大的事业学问，都成为渺小无足道的东西了。这些渺小无足道的东西，自然不足介于胸中。胸中无足介者，即所谓胸怀洒落。有如此的眼界，如此的胸襟者，不但自然谦虚，自然不骄盈，而实在是对于如此的人，骄盈谦虚，都不必说了。

《庄子·逍遥游》说："尧治天下之民，平海内之政，往见四子藐姑射之山，汾水之阳，窅然丧其天下焉。"《庄子·大宗师》说："夫无庄之失其美，据梁之失其力，黄帝之亡其知，皆在炉捶之间耳。"为什么尧一见四子，即丧其天下呢？为什么许由炉捶之间，可使无庄失其美，据梁失其力，黄帝亡其知呢？因为四子许由，有一种最大的眼界，最阔的胸襟，使见他们的人，马上觉得自己的渺小，自己的所有的过人之处的渺小。尧本可以平治天下自鸣得意，无庄等本可以其美力等自鸣得意，但于他们的眼界扩大以后，他们即可知他们所有的过人之处，实在是不足道的。

这是庄学的最高义中的一点。宋明儒亦有此类的说法。程明道说："泰山为高矣，然泰山顶上，亦不属泰山。虽尧舜之事，亦只如太虚中一点浮云过目。"象山《语录》中谓：象山"一夕步月，喟然而叹。包敏道侍，问曰：'先生何叹？'曰：'朱元晦泰山乔岳，可惜学不见道，枉费精神，奈何？'包曰：'势既如此，莫若各自著书，以待天下后世之自择。'忽正色厉声曰：'敏道，敏道，恁地没长进，乃作这般见解。且道天地间有个朱元晦、陆子静，便添得些子？无了后便减得些子？'"有了朱元晦、陆子静，天地不添得些子，无了亦不减得些子，则朱元晦、陆子静之泰山乔岳，亦不过如太空中一点浮云，又有何骄盈之可言？

或可问：若凡事都从与宇宙同大的眼界看，则人生中的事，岂不是皆不值一做了？关于这一点，我们可以说，我们于“为无为”中说，我们做事，有些事是无所为而为，有些事是有所为而为。就无所为而为的事说，有些事是我们的兴趣之所在。我们做这些事，是随着我们的兴趣，至于这些事是值得做或不值得做，对于我们，本来是不成问题的。譬如小孩骑竹马，他只是愿骑则骑而已，他不问竹马值得骑或不值得骑，实亦不必问值得骑或不值得骑也。有些事是我们的义务之所在。我们做这些事，是实践我们的义务。每个人皆要生活，要生活则不得不尽生活中的义务。若问生活中的义务值得尽或不值得尽，则须先问，生活是值得生活或不值得生活。有些人或以为生活不值得生活，但在他未死以前，他总是要生活的，他既要生活，他即须尽其在生活中的义务。这都是就无所为而为的事说。至于就有所为而为的事说，有些人做事的所为是权利，有些人做事的所为是名誉。如他们因放大了眼界，而觉得这些所为是不值得要的，他尽可不要这些所为，不做这些事，而专做他的兴趣所在及义务所在的事。这对于他，或对于社会，均只有益处，没有坏处。

孔子说：“巍巍乎舜禹之有天下也，而不与焉。”朱子注说：“不与犹言不相关。”朱子《语录》说：“不与只是不相干之义。言天下自是天下，我事自是我事，不被那天下来移著。”又《语录》中论谦卦云：“太极中本无物，若事业功劳，又于我何有？观天地生万物而不言所利可见矣。”有些事是我们的兴趣所在，或义务所在者，这些事我们自要做之。但做之而并不介意于因此而来之荣誉或富贵，此即是有天下而不与的胸襟。这种胸襟，亦惟有大眼界者，始能有之。对于有这种胸襟的人，自然亦无须说什么谦虚或骄盈的问题。

（选自《新世训》，1940 年 7 月开明书店出版）

致中和

“致中和”三个字出于《中庸》。《中庸》说：“喜怒哀乐之未发，谓之中；发而皆中节，谓之和。致中和，天地位焉，万物育焉。”在宋明道学中，这几句《中庸》引起了很大的讨论。程明道说：“天地之常，以其心普万物而无心；圣人之常，以其情顺万物而无情。故君子之学，莫若廓然而大公，物来而顺应。”圣人的心，如明镜，如止水，是廓然大公的。因为它是廓然大公的，所以亦无所偏倚，无所偏倚谓之中。因为它无所偏倚，所以遇到事物，当喜即喜，当怒即怒，当哀即哀，当乐即乐。此即所谓发而皆中节，此即谓之和。朱子说：“喜怒哀乐，各有攸当，方其未发，浑然在中，无所偏倚，故谓之中。及其发而皆得其当，无所乖戾，故谓之和。”此所谓中的意义，是无所偏倚，不是无过不及。已发的喜怒哀乐，可有过或不及，而此所谓中，是“未发”，所以不但无过不及，且亦无无过不及可说。未发已发，后亦成为宋明道学家所常用的名词。他们又常引《易·系辞》“寂然不动，感而遂通”之语。圣人的心，未发时如明镜止水，是“寂然不动”；已发时，喜怒哀乐，各得其当，是“感而遂通”。

以上是宋明道学家对于《中庸》里“中和”二字的解释。我们于此篇所说的中和，与宋明道学家所说者不同，或与《中庸》所说者亦不尽同，不过我们于此篇所说的中和，确是中国思想中两个重要的观念。

和与同不同。《国语·郑语》引史伯云：“夫和实生物，同则不继。以他平他谓之和，故能丰长而物归之。若以同裨同，尽乃弃矣。”“以他平他谓之和”，如以咸味加酸味，即另得一味。酸为咸之“他”，咸为酸之“他”，以“他”平“他”，即能另得一味，此所谓“和实生物”。咸与咸是同，若以咸味加咸味，则所得仍是咸味。此所谓“以同裨同”，“同则不继”也。推之，若只一种声音，则无论如何重复之，亦不能成音乐。若只一种颜色，则无论如何重复之，亦不能成文采。必以其“他”济之，方能有成。

《左传》昭公二十年引齐侯问晏子云：“和与同异乎？”晏子对曰：“异。和如羹焉。水，火，醯，醢，盐，梅，以烹鱼肉，燀之以薪，宰夫和之，齐之以味，济其不及，以泄其过。……若以水济水，谁能食之？若琴瑟之专一，谁能听之？同之不可也如是。”此又提出过、不及二观念。不同的原素，合在一起，可以另成一物。但合成此物之不同的原素，必须各恰如其分量，不可太多，亦不可太少。若太多或太少，则即不能成为此物。不太多，不太少，即是无过不及。无过不及即是中。所以说和必须兼说中。此所说或不是晏子的本意，但说和必须兼说中，这是一定的。

以上所说，可以说是有现在所谓辩证法的意思。甲的“他”是非甲。甲与非甲合，能成为乙。此可以说是相反相成，由矛盾到统一。成为乙之甲与非甲，必各恰如其分量，不多不少。甲或非甲，若有一太少，则不成为乙，若有一太多，亦不能成为乙。甲及非甲的量变，可以造成其所成的物的质变。此可以说是由量变到质变。

一个人的生理的心理的要求，是多方面的。这各方面的要求，都要于相当程度内得到满足，然后一个人才能保持一个健全的身体，健全的人格。有许多生理的或心理的疾病，都是由于人的某方面的生理的或心理的要求，太被压抑所致。这是我们所都知道的。人的生理的或心理的要求，怎样算是“于相当程度内，得到满足”呢？怎样的满足，算是在相当程度内？又怎样的满足，算是超过相当程度呢？一种生理的或心理的要求的满足，若达到一种程度，以致与别种生理的或心理的要求发生冲突，此即是此种要求的满足，超过相当程度。超过相当程度，即是太过。若此种要求的满足，尚未达到此程度，而即受压抑，或此种要求，根本即未得任何满足，此即是此种要求的满足，未达到相当程度。未达到相当程度，即是不及。此种要求的满足，若到一恰好的程度，既不与别种要求冲突，亦不受不必要的压抑，无太过亦无不及，则其满足即是得中，即是中节。

例如，对于有些人，喝酒是一个很强烈的要求。在普通的情形中，一个人喝酒，若至一种程度，以致其身体的健康，大受妨碍，则其喝酒即为太过。若其喝酒，有一定的限度，并不妨碍其身体的健康，而却因别种关系（例如美国政府行禁酒律之类），而不喝酒，则其喝酒的要求，即受到不必要的压抑。如此则其喝酒的要求的满足，即是不及。此所谓不必要，是对于此人的本身说；此所谓不及，亦是对于此人的本身说。喝酒的过或不及，本都是因人而异的。若一个人喝酒，只喝到恰好的程度，既不妨碍他的身体的健康，亦不使其喝酒的要求，受不必要的压抑，则其满足即是得中，即是中节。

若一个人的各方面的生理的及心理的要求，都是这样中节，都各得到相当的满足，而又都各不相冲突，这种状态，即谓之和。一个人在生理方面，若得到和，则即可有一健康的身体；在心理方面，若得到和，则即可有一健全的人格。旧日谓人有病，为“身体违和”。这句话是很有道理的。

一个健康的身体，健全的人格，都可以说一个和。这和中有许多不同的原素。这些原素，在其适当的分量下，是“相成”的。但若一过了适当的分量，则即“相反”了。若其相反，则和即没有了。例如在普通情形下，一个人一顿吃三碗饭，是有益于他的健康的，但若他一顿吃十碗饭，则不但不能有益于他的健康，而且有害于他的健康了。饭的增加，对于他的健康说，是由量变到质变。各种要求的满足，在恰好处是中，不到恰好处，或超过恰好处，是过或不及。这其间亦有由量变到质变的情形。

或可问：本书第一篇说尊理性，岂非教人使理性压抑其他各方面的生理的，心理的要求？于此我们说：理性的功用，并不是压抑其他各方面的生理的，心理的要求，而是指导，或节制那些要求，使其满足，无过不及。我们说，有道德的理性，有理智的理性。先就理智的理性说，其功用是如上所说，是显而易见的。一个人要喝酒，到哪里去喝酒，用什么方法去买酒，这都是要靠理性的指导。喝多少不至于妨害身体，妨害事业，这亦要靠理性的节制。如果一个人喝十杯酒，可以得到快乐，而不至于妨害身体，妨害事业，理性对于这种满足，只有赞助，决不禁止。所以孔夫子亦说："惟酒无量，不及乱。"

我们于以上说人的生理的，心理的要求的冲突，只是就一个人的本身说。就社会方面说，一个人的生理的或心理的要求，亦可以与别人的生理的或心理的要求相冲突。道德的规律，对于人的要求，制定一个界限，使人与人不相冲突。就这一方面说，则人的生理的，心理的要求，合乎此界限者，是合乎中，是中节。其超乎此界限者，是太过，不及此界限者，是不及。《诗序》有几句话，说："发乎情，止乎礼义。发乎情，人之性也；止乎礼义，先王之泽也。""发乎情"是就人的各方面的生理的心理的要求说，"止乎礼义"是就道德的规律说。发乎情是人之性，止乎礼义是社会的制裁。社会中的人，每人都多少如此行，每人都应该完全如此行。所谓道德的理性的功用，即在于使人知道这些界限，使人的各方面的生理的心理的要求，都合乎这方面的中。

一个社会中的人的各方面的生理的，心理的要求，如皆合乎这方面的中，则这个社会，即是一个健全的社会。一个健全的社会，亦可以说是一个和。在这一方面，各人的各方面的生理的，心理的要求，亦有相反相成，由量变到质变的情形。

人的生理的，心理的要求的满足，在其本身看，是合乎中者，但在社会方面看，不一定是合乎中，而或者是太过，或者是不及。如其是太过，则社会必须制裁之，其个人的道德的理性，亦应制裁之。因此，常有些人的生理的或心理的要求　受到压抑。这压抑，就这些人的本身方面看，是不必要的。但在社会方面看，则是必要的。这一点常引起许多思想上的混乱。有些人常把这两方面的必要或不必要弄混，以为在一方面是必要或不必要者，在其他方面，亦是必要或不必要。这“以为”是完全错误的。

例如一个人的所谓领袖欲特别强，但他的才能，都很不配当领袖。就他本身方面看，他的这欲若得不到相当的满足，他或者要疯。在其个人方面看，他的领袖欲的相当满足是合乎中，但在社会方面看，他的领袖欲的相当满足是太过。在这种情形下，社会只能向他说：你的才能，不能当领袖，你若因不能当领袖而疯，我们只好把你送入疯人院。社会的这种办法，我们不能说它有什么错误。

在社会方面看，“发乎情”而不能“止乎礼义”的要求，是应该制裁的。这种要求，宋明道学家谓之欲，或私欲，或人欲。他们说欲是恶的。这是一定不错的，因为所谓欲者，照定义是超过道德的规律的要求，照定义它即是恶的。所以说欲是恶，实等于说，凡是不道德的是不道德的。但后来反道学的人，如戴东原等，常说：人的生理的，心理的要求是不可，亦不应该压抑的，而宋明道学家却专爱压抑之。所以宋明道学家是“以理杀人”，太不讲人道。这种辩论，不是误解了宋明道学家所谓欲的意义，即是陷入上所说思想上的混乱。

我们于以上说中和，是就一个人的本身说，或是就一个社会中的各个人对于社会及别个人的关系说。若就一个社会中的各种人对于社会及别种人的关系说，则亦有中和可说。此所说社会中的各种人，指社会中的操各种职业的人说。例如当学校教员的人，做生意的人，等等，皆此所谓各种人。旧说“七十二行，行行出状元”。各行的人，即此所谓各种人。此各种人中，每种人皆有他们对于社会的权利及职分，及对于别种人的权利及职分。在普通的情形中，人对于求权利，总易偏于太过，而对于尽职分，则总易偏于不及。社会中的各种人亦是如此。他们对于要权利总易偏于太过，对于尽职分，总易偏于不及。此所谓过或不及，又是以什么为标准呢？各种人要他们的权利，有一个界限，过了这界限即与社会中的别种人的权利，发生冲突或妨碍。这个限度，即是中，合乎这个限度的，即是得中，即是中节，超乎这个限度的，即是太过。每种人尽他们的职分，亦有一个界限，如不到这个界限，则即不能满足社会对于这一种事的需要。这个限度即是中，合乎这个限度的即是得中，即是中节，不及这个限度的，即是不及。如果一个社会中的各种人，要权利，尽职分，皆合乎中，则此社会，即得到和。一个社会，不是只一种人所能组织成的。它需要许多种不同的人。它需要“异”。这些异，就其是异说，是“相反”。但他们都合在一起，方能组织成社会。就其合在一起说，是“相成’。他们的相成，靠他们的要权利，尽职分，都合乎中，以构成一个和。

或可说，这一种说法，是社会上统治阶级所用以压制被压迫阶级者。照资本家的说法，资本阶级及劳工阶级，都是社会，至少是社会的经济方面所必需的。这两个阶级，应该互相帮助，而不应互相仇视。从前亚里士多德，对于希腊的奴隶制度，亦有类此的辩护。他说：有些人是天生只能做工具的，有些人是天生能用工具的。能用工具的做主人，只能做工具的做奴隶，这是最合乎天然的。在中国，孟子对于当时的贵族政治，亦有类此的辩论。孟子说:“有大人之事，有小人之事。”“或劳心，或劳力。劳心者治人，劳力者治于人。治于人者食人，治人者食于人。天下之通义也。”照这个“通义”推下去，则社会中有一类的人永远是“治于人”而“食人”者，有一类的人永远是“治人”而“食于人”者。前者是被统治阶级，后者是统治阶级。统治阶级，永远用这一套理论，麻醉被统治者，使他们于被统治外，还要心悦诚服地赞颂统治者的圣德神功。现在我们讲这一套理论，恐怕对于统治阶级，有“助桀为虐”的嫌疑。

于此我们说，我们所谓各种人，并不是指阶级说。在有阶级的社会制度里，其政治的或经济的制度，使有些人，子子孙孙都在某阶级里，使又有些人，子子孙孙都在另一阶级里。在奴隶社会中奴隶世代是奴隶，主人世代是主人。在贵族政治里，平民世代是平民，贵族世代是贵族。即在资本主义的社会里，在政治法律方面看，对于劳工之成为资本家，固然没有限制，但在经济方面看，则劳工之成为资本家，若不是完全地不可能，亦是仅次于不可能。一个人当了劳工，他子孙还是当劳工的机会，不是百分之百亦是百分之九十九。但我们于上文所说，社会上的各种人，则不是如此。一个人如已当了三十年的教员，大概他不大容易改行。但是他的儿子则是可以随便入别的什么行的。对于一个社会说，这些各种人必须有。一个社会必须由这些各种人构成。这些各种人，要权利，尽职分，都必须合乎中，以得到和。任何社会都多少是如此，都应该完全如此，不管一个社会是什么种的社会。有阶级的社会是如此，无阶级的社会亦是如此。

因为中和的道理是通用于任何种的社会，所以有阶级的社会亦引用它以维持其阶级制度。但这引用是错误的。因照这个道理，社会所必需要的是各种人，而不是各阶级。一个社会之是有阶级的社会，是客观的“势”所决定。在此种势下，有些种人，固必须成为某阶级，但如此种势已去，一个社会可以成为无阶级的社会时，而为某阶级之某种人，仍欲维持其阶级，则此种人所要之权利，即是太过，不合乎中。他们要权利太过，超过了中，则不但不能得到和，而且有害于和。

例如执掌政权的人，本亦是社会上的一种人。但在某种“势”

下，这种人成了世袭的，因此即成了一种阶级。在这种势下，这种制度，是一个社会所必需的。但如此种势已去，一个社会可以不需要世袭的政治上的统治阶级，而在此阶级里的人，仍要维持他们的权利，则他们的要权利即为太过。社会中的别种人，对于他们的太过的要求，当然可以，而且应该制裁。这种制裁，如果是以暴力出之，即所谓革命。

照以上所说，我们可知，我们于此篇所说的道理，不能为所谓统治阶级所引用，以麻醉被统治的阶级，事实上确有人如此地引用，但如此地引用是错误的。

"致中和"应用在政治社会哲学方面，即是民治主义。《中庸》说："万物并育而不相害，道并行而不相悖。小德川流，大德敦化，此天地之所以为大也。"在一个民治主义的社会里，人的生活，即有这种情形。我们可以说："此民治主义之所以为大也。"在民治主义的社会里，在不妨碍别人的自由的范围里，一个人的生活，可以完全地自由。这个范围的界限，即是我们于上文所说中的界限。不到这个界限者谓之不及，超过这个界限者谓之太过，合乎这个界限者谓之得中，谓之中节。就社会中的各种人说，亦是如此。社会中各个人，及各种人，行为俱中节，则社会即是一大和。大和即是旧说所谓太和。这种社会所宝贵的是异而不是同。合许多中节的异，以成一大和。这个大和，是社会的理想的境界，人类的社会，是向着这个理想改进的。

还有所谓国际主义与民族主义的问题。有些人以为，如果国际主义成功了，则各民族的特色，必定都不能存在。这“以为”是错误的。如果真正的国际主义成功了，在所谓大同世界中，各民族的异，不但依旧存在，而且大家还要特别尊重其存在。在所谓大同世界中，各个人的异，各民族的异，都存在，而且大家都还特别尊重其存在。不过这许多的异，都是中节的异。合这许多中节的异，以成一大和。这大和即所谓大同世界。大同并不是同，而是所谓太和。

这已是一很高的境界了。但于此境界之上，还有宋明道学家所谓“万物各得其所”或“无一物不得其所”的境界。此境界亦是一太和。不过此太和不仅包括所有的人，而且包括所有的物。物得其所是幸福的。例如一人有快乐幸福，我们说他是“得其所哉”。这是“得其所”的确切意义。万物“各”得“其”所，“各”字“其”字表示出“万物并育而不相害，道并行而不相悖”，“和而不同”的意思。这种境界，是“致中和”的极则。所以说：“致中和，天地位焉，万物育焉。”

（选自《新世训》，1940 年 7 月开明书店出版）

励勤俭

一般人说到勤俭，大概都是就一个人的生活的经济方面说。《大学》说："生财有大道。生之者众，食之者寡，为之者疾，用之者舒，则财恒足矣。"就一个社会的生财之道说，是如此。就一个人的生财之道说，亦是如此。就一个人的生财之道说，"为之疾"是勤，"用之舒"是俭。一个人能发大财与否，一部分是靠运气，但一个人若能勤俭，则成一个小康之家，大概是不成问题的。

一般人对于勤俭的了解，虽是如此，但勤俭的意义则不仅止于此。例如我们常听说："勤能补拙，俭以养廉。"这两句话中，所谓俭，虽亦可说是就人的生活的经济方面说，但此说俭注重在"养廉"，所以"俭以养廉"这一句话所注重者，是人的生活的道德方面。此句话所注重者是一个人的"廉"，并不是一个人的温饱。至于这两句话中所谓勤，不是就人的生活的经济方面说，至少不是专就此方面说，则是显然的。

这两句话，是旧说的老格言，又是现在的新标语。勤怎么能补拙呢？西洋寓言里说：有一兔子与乌龟竞走。兔子先走一程，回头见乌龟落后很远，以为断赶不上，遂睡了一觉。及醒，则乌龟已先到目的地了。乌龟走路的速度，比兔子差得很远，就这方面说，乌龟是拙。但它虽拙，而仍能走过兔子者，因兔子走路，中途休息，而乌龟则不休息也。此即是“勤能补拙”。《中庸》说：“人一能之，己百之；人十能之，己千之。果能此道矣，虽愚必明，虽柔必强。”此所说，亦是“勤能补拙”的意思。这当然不是就人的生活的经济方面说，至少不是专就此方面说。我们在《为无为》中，说到才与学的分别，就“学”说，勤确是可以补拙的。

就俭以养廉说，我们常看见有许多人，平日异常奢侈，一旦钱不够用，便以饥寒所迫为辞，做不道德的事。专从道德的观点看，“饿死事小，失节事大”，“饥寒所迫”并不能作为做不道德的事的借口。但事实上，经济上的压迫，常是一个使人做不道德的事的原因。不取不义之财谓之廉。人受经济压迫的时候，最容易不廉。一个人能俭，则可使其生活不易于受经济的压迫。生活不受经济的压迫者，虽不必即能廉，但在他的生活中，使他可以不廉的原因，至少少了一个。所以说：俭可以养廉。朱子说：“吕舍人诗云：‘逢人即有求，所以百事。’某观今人不能咬菜根，而至于违其本心者众矣，可不戒哉。”俭以养廉，正是朱子此所说之意。

由上所说，可知这两句老格言，新标语，是有道理的。不过勤俭的意义，还不止于此。我们于本篇所讲的勤俭是勤俭的进一步的意义。此进一步的意义，亦是古人所常说的，并不是我们所新发现的。

在说此进一步的意义以前，我们对于勤能补拙这一句话，还想作一点补充的说明。勤能补拙这一句话虽好，但它有时或可使人误会，以为只拙者需勤以补其拙，如巧者则无需乎此。不管说这一句话者的原意如何，事实上没有人不勤而能成大功，立大名的。无论古今中外，凡在某一方面成大功，立大名的人，都是在某一方面勤于工作的人。一个在某方面勤于工作的人，不一定在某方面即有成，但不在某方面勤于工作的人，决不能在某方面有成。此即是说，在某方面勤于工作，虽不是在某方面有成的充足条件，而却是其必要条件。有人说：一个人的成功，要靠“九分汗下，一分神来”。九分汗下即指勤说。

我们于以上说“某方面”，因为往往一个人可以于某方面勤，而于别方面不勤。一个诗人往往蓬头垢面，人皆以他为懒，但他于作诗必须甚勤。李长吉作诗，“呕出心肝”。杜工部作诗，“语不惊人死不休”。他们都是勤于作诗，勤于作诗者，不必能成为大诗人，但不勤于作诗者，必不能成为大诗人。

对于某方面的工作不勤者，不能成为在某方面有成就的人。对于人的整个的生活不勤者，不能有完全的生活。所谓完全的生活者，即最合乎理性的生活，如我们于《绪论》中所说者。用勤以得到完全的生活；我们所谓勤的进一步的意义，即是指此。

古人说：“民生在勤。”又说：“户枢不蠹，流水不腐。”现在我们亦都知道，人身体的器官，若经过相当时间不用，会失去它原有的功用。一个健康的人，有一月完全不用他的腿，他走路便会发生问题。维持一个人的身体的健康，他每日必须有相当的运动。这是卫生的常识。所谓“民生在勤”的话，以及“户枢不蠹，流水不腐”的比喻，应用在这方面，是很恰当的。

我们可以从身体方面说勤，亦可从精神方面说勤。《易》乾卦象辞说：“天行健，君子以自强不息。”《中庸》说：“至诚无息。”又说：“诚者，天之道也；诚之者，人之道也。”天之道是“至诚无息”，人之道是“自强不息”。这些话可以说是，从精神方面说勤。无息或不息是勤之至。关于这一点，我们于此只说这几句话，其详俟于《存诚敬》中细说。

就人的精神方面说，勤能使人的生活的内容更丰富，更充实。什么是人的生活的内容？人的生活的内容是活动。譬如一个人有百万之富，这一百万只是一百万金钱，银钱，或铜钱，并不能成为这一个人的生活的内容。若何得来这些钱，若何用这些钱，这些活动，方是这一个人的生活的内容。又如一个人有一百万册书。这一百万册书，只是一百万册书，并不能成为这一个人的生活的内容。若何得这些书，若何读这些书，这些活动，方是这一个人的生活的内容。我们可以说，只有是一个人的生活的内容者，才真正是他自己的。一个守财奴，只把钱存在地窖里或银行里，而不用它；一个藏书家，只把书放在书库里，而不读它；这些钱，这些书，与这些人，“尔为尔，我为我”，实在是没有多大的关系。有一笑话谓：

一穷人向一富人说：我们二人是一样地穷。富人惊问何故。穷人说，我一个钱不用，你亦一个钱不用，岂非一样？此虽笑谈，亦有至理。

人的生活的内容即是人的活动，则人的一生中，活动愈多者，其生活即愈丰富，愈充实。勤人的活动比懒人多，故勤人的生活内容，比懒人的易于丰富，充实。《易传》说："天行健。"又说："富有之谓大业，日新之谓盛德。""富有"及"日新"，都是"不息"的成就。一个人若"自强不息"，则不断地有新活动。"不断地"有新活动，即是其"富有"；不断地有"新"活动，即是其"日新"。有人说，我们算人的寿命，不应该专在时间方面注意。譬如有一个人，活了一百岁，但每日，除了吃饭睡觉外，不做一事。一个人做了许多事，但只活了五十岁。若专就时间算，活一百岁者，比活五十岁者，其寿命长了一倍。但若把他们的一生的事业，排列起来，以其排列的长短，作为其寿命的长短，则此活五十岁者的寿命，比活一百岁者的寿命长得多。我们读历史，或小说，有时连读数十页，而就时间说，则只是数日或数小时之事。有时，"一夕无话"，只四字便把一夜过去。"有话即长，无话即短。"小说家所常用的这一句话，我们可用以说人的寿命。

对于寿命的这种看法，在人的主观感觉方面，亦是有根据的。在很短的时间内，如有很多的事，我们往往觉其似乎是很长。譬如自七七事变以来，我们经过了许多大事，再想起"七七"以前的事，往往有"恍如隔世"之感，但就时间说，不过是二年余而已。数年前，我在北平，被逮押赴保定，次日即回北平。家人友人，奔走营救者，二日间经事甚多，皆云，仿佛若过一年。我对他们说，“洞中方七日，世上几千年”。此虽一时隽语，然亦有至理。所谓神仙者，如其有之，深处洞中，不与人事，虽过了许多年，但在事实上及他的主观感觉上，都是“一夕无话”，所以世上虽有千年，而对于他只是七日。作这两句诗者，本欲就时间方面，以说仙家的日月之长，但我们却可以此就生活的内容方面，以说仙家的日月之短。就此方面看，一个人若遁迹岩穴，不闻问世事，以求长生，即使其可得长生，这种长生亦是没有多大意思的。

普通所谓俭，是就人的用度方面说。于此有一点我们须特别注意的，即是俭的相对性。在有些情形下，勤当然亦有相对性。譬如大病初愈的人，虽能做事，但仍需要相当休息。在别人，每天做八个钟头的事算是勤，但对于他，则或者只做六个钟头已算是勤了。不过在普通情形下，我们所谓勤的标准，是相当一定的。但所谓俭的标准，虽在普通情形下，亦是很不一定。一个富人，照新生活的规定，用十二元一桌的酒席请客，是俭，但对于一个穷人，这已经是奢了。又譬如国家有正式的宴会，款待外宾，若只用十二元一桌的酒席，则又是啬了。由此可见，所谓俭的标准，是因人因事而异的。所以照旧说，俭必须中礼，在每一种情形下，我们用钱，都有一个适当的标准。合乎这个标准，不多不少，是俭。超乎这个标准是奢，是侈，不及这个标准是啬，是吝，是悭。不及标准的俭，即所谓“俭不中礼”。不中礼的俭，严格地说，即不是俭，而是啬了。不过怎么样才算“中礼”，才算合乎标准，在有些情形下，是很不容易决定的。在这些情形下，我们用钱，宁可使其不及，不可使其太过。因为一般人的在这方面的天然的趋向，大概是易于偏向太过的方面，而我们的生活，“由俭趋奢易，由奢入俭难”。失之于不及方面，尚容易改正。失之于太过方面，若成习惯，即不容易改正了。所以孔子说：“礼与其奢也，宁俭。”此所谓俭，是不及标准的俭。

俭固然是以节省为主，但并不是不适当的节省。一个国家用钱，尤不能为节省而节省。我们经过安南，看见他们的旧文庙，其狭隘卑小，使我们回想我们的北平，愈见其伟大宏丽。汉人的《两都赋》《二京赋》一类的作品，盛夸当时的宫室，以为可以“隆上都而观万国”。唐诗又说：“不睹皇居壮，安知天子尊。”这些话都是很有道理的。不明白这些道理，而专以土阶茅茨为俭者，都是“俭不中礼”。

人不但须知如何能有钱，而并且须知如何能用钱。有钱的人，有钱而不用谓之吝，大量用钱而不得其当谓之奢，大量用钱而得其当谓之豪。我们常说豪奢，豪与奢连文则一义，但如分别说，则豪与奢不同。我们于上文说，用钱超过适当的标准，谓之奢；用钱合乎适当的标准，谓之俭。不过普通说俭，总有节省的意思，所以如有大量的用钱，虽合乎适当的标准，而在一般人的眼光中，又似乎是不节省者，则谓之豪。奢是与俭相冲突的，而豪则不是。奢的人必不能节省，但豪的人则并不必不能节省。史说：范纯仁往姑苏取麦五百斛。路遇石曼卿，三丧未葬，无法可施，范纯仁即以麦舟与之。这可以说是豪举。但范纯仁却是很能俭的人。史称其布衣至宰相，廉俭如一。他又告人："惟俭可以养廉，惟恕可以成德。"这可见俭与豪是不冲突的。

以上说俭，是就用度方面说。此虽是普通所谓俭的意义，但我们于本篇所谓俭，则并不限于此。我们于以下，再说俭的进一步的意义。

《老子》说："吾有三宝，持而宝之。一曰慈，二曰俭，三曰不敢为天下先。慈故能勇，俭故能广，不敢为天下先，故能成器长。"《老子》又说："治人事天，莫若啬。夫唯啬，是谓早服；早服谓之重积德；重积德则无不克；无不克则莫知其极，莫知其极，可以有国；有国之母，可以长久。是谓深根固柢，长生久视之道。"朱子说："老子之学，谦冲俭啬，全不肯役精神。早服是谓重积德者，言早已有所积，复养以啬，是又加积之也。若待其已损而后养，则养之方足以补其所损，不得谓之重积矣。所以贵早服者，早觉其未损而啬之也。"此所谓俭，所谓啬，当然不是普通所谓俭，所谓啬。然亦非全不是普通所谓俭，所谓啬。

普通所谓俭，是节省的意思，所谓啬，是过于节省的意思。在养生方面，我们用我们的身体或精神，总要叫它有个"有余不尽"之意。这并不是"全不肯役精神"，不过不用之太过而已。道家以为"神太劳则竭，形太劳则弊"。神是精神，形是身体。我们用身体或精神太过，则至于"难乎为继"的地步。所以我们做事要尽力，但不可尽到"力竭声嘶"的地步。这样的尽力是不可以长久的。《老子》所讲的做事方法，都是可以长久的，所以《老子》常说“可以长久”。《老子》说：“企者不立，跨者不行。”又说：“飘风不终朝，骤雨不终日。孰为此者？天地。天地尚不能久，而况于人乎？”一个人用脚尖站地，固然是可以看得远些；开跑步走，固然是可以走得快些，但这是不可久的。其不可久正如“天地”的飘风骤雨，虽来势凶猛，但亦是不能持久的。

《老子》所讲的做事方法，都是所谓“细水长流”的方法。会上山的人，在上山的时候，总是一步一步地，慢慢走上去，如是他可常走不觉累。不会上山的人，初上山时走得很快，但是不久即“气喘如牛”，不能行动了。又如我们在学校里用功，不会用功的人，平日不预备功课，到考时格外加紧预备，或至终夜不睡，而得不到好成绩。会用功的人，在平时每日将功课办好，到考时并不必格外努力，而自然得到很好的成绩。不会上山的人的上山法，不会用功的人的用功法，都不是所谓“细水长流”，都不是可以长久的办法。不论做何事，凡是可以长久的办法，总是西洋人所谓“慢而靠得住”的办法，亦即是所谓“细水长流”的办法。诸葛亮说：“淡泊以明志，宁静以致远。”淡泊是俭，宁静是所谓“细水长流”的办法。

老子很喜欢水。他说：“上善莫若水。”又说：“天下莫柔弱于水，而攻坚，强者莫之能胜。”屋檐滴下来的水，一点一滴，似乎没有多大力量。但久之它能将檐下的石滴成个窝。这即所谓“细水长流”的力量。

于此我们可以看出，在这一方面，勤与俭的关系。会上山的人，慢慢地走，不肯一下用尽他的力量，这是俭。但他又是一步一步，不断地走，这是勤。会用功的人，每天用相当时间的功，不“开夜车”，这是俭。但是“每天”必用相当时候的功，这是勤。不会上山的人，开始即快走，不肯留“有余不尽”的力量，这是不俭。及至气喘如牛，即又坐下不动，这是不勤。不会用功的人，开夜车，终夜不睡，这是不俭。考试一过，又束书不观，这是不勤。照这两个例看起来，勤与俭，在此方面，是很有关系的。所谓“细水长流”的办法，是勤而且俭的办法。

人的身体，如一副机器。一副机器，如放在那里，永不开动它，必然要锈坏。但如开动过了它的力量，它亦很易炸裂。一副机器的寿命的长短，与用之者用得得当与否，有很大的关系。人的“形”“神”，亦是如此。我们的生活，如能勤而且俭，如上所说者，则我们可以“尽其天年而不中道夭”。道家养生的秘诀，说穿了不过是如此。这亦即所谓事天。我们的“生”是自然，是天然，所以养生亦是事天。

治一个国家，亦是如此。用一个国家的力量，亦需要使之有“有余不尽”之意。不然，亦是不可以长久的。治国养生，是一个道理。所以说：“治人事天莫如啬。”用一个国家的力量或用一个人的力量，都要使之有“有余不尽”之意，如此则可以不伤及它的根本。所以“啬”是“深根固柢”之道。有了深根固柢的力量，然后能长久地生存，长久地做事，所以说：“俭故能广。”

（选自《新世训》，1940 年 7 月开明书店出版）

存诚敬

诚敬二字，宋明道学家讲得很多。这两个字的解释，可从两方面说。就一方面说，诚敬是一种立身处世的方法。就又一方面说，诚敬是一种超凡入圣的途径。我们于以下先就诚敬是一种立身处世的方法说。

就这一方面说，诚的一意义是不欺。刘安世说："某之学初无多言，旧所学于老先生者，只云由诚入。某平生所受用处，但是不欺耳。"此所谓老先生即司马光。刘安世《元城道护录》说："安世从温公学，凡五年，得一语曰诚。安世问其目。公喜曰：'此问甚善。当自不妄语入。'予初甚易之，及退而檃栝日之所行，与凡所言，自相掣肘矛盾者多矣。力行七年而成。自此言行一致，表里相应。遇事坦然，常有余裕。"诚是司马光一生得力的一字。刘漫堂《麻城学记》说："温公之学，始于不妄语，而成于脚踏实地。"不欺有两方面，一是不欺人，一是不自欺，我们常说："自欺欺人。"

自欺欺人，都是不诚。所谓“不妄语”，即是不欺人；所谓“脚踏实地”，即是不自欺。例如一个人学外国文字，明知有些地方，非死记熟背不可，但往往又自宽解，以为记得差不多亦可。这即是自欺，亦即是不脚踏实地。朱子说：“做一件事，直是做到十分，便是诚。若只做得两三分，说道：今且慢恁地做。恁地做也得，不恁地做也得，便是不诚。”明知须如此做，而却又以为如此做亦可，不如此做亦可，此即是自欺，亦即不是脚踏实地。刘安世力行不妄语七年，始得“言行一致，表里相应”，此即是自不欺人，进至不自欺。言行一致，表里相应，可以是不欺人，亦可以是不自欺。例如一个人高谈于国难时须节约，但是他自己却时常看电影，吃馆子。他于看电影，吃馆子时，他的心理若是：得乐且乐，我说应该节约，不过是面子话，哪能认真？他的心理若果是如此，他的高谈即是欺人的妄语。于看电影，吃馆子时，他的心理若是：虽然于国难时应该节约，但偶然一两人奢侈，于大局亦不致即有妨碍。他若以此自宽解，他即以此自欺。真正言行一致，表里相应的人，可以没有如此的欺人自欺。所谓真正言行一致，表里相应者，即不但人以为他是言行一致，表里相应，而且他自己亦确知他自己是言行一致，表里相应。一个人的言，是否与他的行完全一致，一个人的“里”，是否与他的“表”完全相应，只有他自己能完全知之。所以只有于他自己确知他自己是言行一致表里相应时，始是真正完全地言行一致，表里相应。朱子说：“人固有终身为善而自欺者，不特外面如此，而里面不如此者，方为自欺。盖中心愿为善，而常有个不肯的意思，便是自欺也。须是打叠得尽。”真正言行一致，表里如一的人，即是外不欺人，内不自欺的人。

程伊川说：“无妄之谓诚，不欺其次矣。”无妄即是没有虚妄，没有虚假。此所谓不欺，似是专就不欺人说。照我们以上的说法，不自欺即是没有虚妄，没有虚假。《大学》说：“所谓诚其意者，毋自欺也。如恶恶臭，如好好色。”恶恶臭的人，实在是恶；好好色的人，实在是好。他的好恶，一点没有虚假的成分。如一个人看见一张名人的画，他并不知其好处何在，但他可心里想，既然大家都说好，必定是好，他因此亦以此画为好。他以此画为好，即是虚假的，至少有虚假的成分。又如一人对于一道理，自觉不十分懂，但可心里想，或者所谓懂者亦不过如此，于是遂自以为懂。他自以为懂，即是虚假的，至少有虚假的成分。这种心理都是自欺，都不是无妄。如上所说看画的人，不但自以此画为好，而且或更以为须向人称赞此画，不然，恐怕他人笑他不能赏鉴此画。此其向人称赞，即是欺人。如上所说，自以为懂某道理的人，不但自以为懂，或且更以为须向人说他自己已懂，不然，恐怕他人笑他不能了解此道理。此其向人所说，即是欺人。凡是谬托风雅，强不知以为知的人，都是自欺或欺人的人。不自欺比不欺人更根本些。不自欺的人，一定可以不欺人，但不欺人的人，不见得个个皆能不自欺。所以程伊川说：“无妄之谓诚，不欺其次矣。”

诚与信有密切的关系。我们常说诚信。信与诚都有实的性质，我们说信实，又说诚实。所谓实者，即是没有虚假，即是无妄。若对于信与诚作分别，说信则注重不欺人，说诚则注重不自欺。不欺都是实，所以信曰信实，诚曰诚实。若对于信与诚不作分别，则诚可兼包不欺人，不自欺，信亦可兼包不欺人，不自欺。例如孟子说:“仁之实，事亲是也；义之实，从兄是也；礼之实，节文斯二者是也；信之实，笃行斯二者弗去是也。”[①] 笃行即是实实在在地去行，即是于行时没有一点自欺。由这一方面说，信与诚二字可以互用。不过信的意思，终是对人的成分多，而诚的意思，则是对己的成分多。

从社会的观点看，信是一个重要的道德。在中国的道德哲学中，信是五常之一。所谓常者，即谓永久不变的道德也。一个社会之能以成立，全靠其中的分子的互助。各分子要互助，须先能互信。例如我们不必自己做饭，而即可有饭吃。乃因有厨子替我们做饭也。在此方面说，是厨子助我们。就另一方面说，我们给厨子工资，使其能养身养家，是我们亦助厨子。此即是互助。有此互助，必先有互信。我们在此工作，而不忧虑午饭之有无，因为我们相信，我们的厨子必已为我们预备也。我们的厨子为我们预备午饭，因他相信，我们于月终必给他工资也。此即是互信。若我们与厨子中间，没有此互信，若我们是无信的人，厨子于月终，或不能得到工资，则厨子必不干；若厨子是无信的人，午饭应预备时不预备，

---

① 注:《孟子》原文为“仁之实，事亲是也；义之实，从兄是也；智之实，知斯二者弗去是也；礼之实，节文斯二者是也”。

则我们必不敢用厨子。互信不立，则互助即不可能，这是显而易见的。

从个人成功的观点看，有信亦是个人成功的一个必要条件。设想一个人，说话向来不当话，向来欺人。他说要赴一约会，但是到时一定不赴。他说要还一笔账，但是到时一定不还。如果他是如此的无信，社会上即没有人敢与他来往，共事，亦没有人能与他来往，共事。如果社会上没有人敢与他来往，共事，没有人能与他来往，共事，他即不能在社会内立足，不能在社会上混了。反过来说，如一个人说话，向来当话，向来不欺人，他说要赴一约会，到时一定到。他说要还一笔账，到时一定还。如果如此，社会上的人一定都愿意同他来往，共事。这就是他做事成功的一个必要的条件。譬如许多商店都要虚价，在这许多商店中，如有一家，真正是“货真价实，童叟无欺”，这一家虽有时不能占小便宜，但愿到他家买东西的人，必较别家多。往长处看，他还是合算的。所以西洋人常说：“诚实是最好的政策。”

诚的另外一个意思，即是真，所谓真诚是也。刘蕺山说：“古人一言一动，凡可信之当时，传之后世者，莫不有一段真至精神在内。此一段精神，所谓诚也。惟诚故能建立，故足不朽。稍涉名心，便是虚假，便是不诚。不诚则无物，何从生出事业来？”这一段话，是不错的。以文艺作品为例，有些作品，令人百看不厌。有些作品，令人看一回即永远不想再看。为什么有些作品，能令人百看不厌呢？即因其中有作者的“一段真至精神”在内。所以人无论读它多少遍，但是每次读它的时候，总觉得它是新的。凡是一个著作，能永远传世者，就是因为，无论什么人，于什么时候读它，总觉得它是新的。此所谓新，有鲜义。或者我们简直用鲜字，更为妥当。例如我们看《论语》《孟子》《老子》《庄子》等，其中的话，不少不合乎现在的情形者。就此方面说，我们可以说，这些话是旧了。但是无论如何，他的话有种鲜味。这一种鲜味，是专门以摹仿为事的作品所不能有的。

下等文艺作品，不是从作者心里出来的，而是从套子套下来的。例如有些侠义小说，描写两人打架，常用的套子是：某甲抡刀就砍，某乙举刀相迎，走了十几个照面，某甲气力不加，只累得浑身是汗，遍体生津，只有招架之功，并无还刀之力，等等。千篇一律，都是这一类的套子。写这些书的人，既只照套子抄写，并没有费他自己的精神，他的所谓作品当然不能动人，此正是“不诚无物”。

又有同样一句话，若说的人是真正自己见到者，自能使人觉有一种上所谓鲜味。若说的人不是真正自己见到，而只是道听途说者，则虽是同样一句话，而听者常觉味同嚼蜡。海格尔说：“老年人可以与小孩说同样的话，但他的话是有他的一生经验在内的。”小孩说大人的话，往往令人发笑，因其说此话，只是道听途说，其中并没有真实内容也。

就别方面说，一个大政治家的政策政绩，一个大军事家的军略战绩，我们无论于什么时候去看，总觉得有一种力量，所谓“虎虎有生气”。以至大工业家或大商业家，凡能自己创业，而不是因人成事者，他的生平及事业，我们无论于什么时候去看，亦觉得有一种力量，“虎虎有生气”。他们都有“一段真至精神”，贯注在他们的全副事业内。如同一个大作家，有“一段真至精神”，贯注在他的整个作品内。如同一个人的身体，遍身皆是他的血气所贯注。就一个人的身体说，若有一点为其人的血气所不贯注，则此部分即死了。就一个作家的作品说，若有一点为其作家的精神所不贯注，则此一点即是所谓“败笔”。大政治家等的事业，亦是如此。这种全副精神贯注，即所谓诚。精神稍有不贯注，则即有“败笔”等，此正是“不诚无物”。

有真至精神是诚，常提起精神是敬。粗浅一点说，敬即是上海话所谓“当心”。《论语》说:“执事敬。”我们做一件事，“当心”去做，把那一件事“当成一件事”做，认真做，即是“执事敬”。譬如一个人正在读书，而其心不在书上，“一心以为鸿鹄将至，思援弓缴而射之”。这个人即是读书不敬。读书不敬者，决不能了解他所读的书。

程伊川说:“诚然后敬，未及诚时，却须敬而后诚。”此所谓诚，即是我们于上文所说，真诚或无妄之诚。一个人对于他所做的事，如有“一段真至精神”，他当然能专心致志，聚精会神于那一件事上。所以如对一事有诚，即对于一事自然能敬。譬如一个母亲，看她自己的孩子，很少使孩子摔倒，或出别的意外。但一个奶妈看主人的孩子，则往往使孩子摔倒，或出别的意外。其所以如此者，因一个母亲对于看她自己的孩子，是用全副精神贯注的。她用全副精神贯注，她自然是专心致志，聚精会神，极端地当心看孩子，把看孩子“当成一件事”做。就其用全副精神贯注说，这是诚，就其专心致志，聚精会神，把看孩子当成是一件事，认真去做说，这是敬。有诚自然能敬，所以说诚然后敬。但如一个奶妈看人家的孩子，本来即未用全副精神贯注，所以她有时亦不把看孩子当成一件事，认真去做。就其不用全副精神贯注说，这是不诚；就其不把看孩子当成一件事，认真去做说，这是不敬。她不诚，如何教她敬呢？这须先让她敬，让她先提起精神，把看孩子当成一件事，认真去做。先敬而再可希望有诚。所以说：“未及诚时，则须敬而后诚。”程伊川的此话，可以如此讲，但还有一种比较深的讲法，下文再说。

照以上所说，敬字有专一的意思。程伊川说：“主一之谓敬，无适之谓一。”朱子说：“主一只是心专一，不以他念乱之。”又曰：“了这一事，又做一事。今人一事未了，又要做一事，心下千头万绪。”又曰：“若动时收敛心神在一事上，不胡乱思想，便是主一。”朱子又说：“凡人立身行己，应事接物，莫大乎诚敬。诚者何？不自欺，不妄之谓也。敬者何？不怠慢，不放荡之谓也。”我们做事，必须全副精神贯注，“当心”去做。做大事如此，做小事亦须如此。所谓“狮子搏兔亦用全力”是也。人常有“大江大海都过去，小小阴沟把船翻”者，即吃对小事不诚敬的亏也。

我们于《励勤俭》中说，我们可以从人的精神方面说勤。敬即是人的精神方面的勤。勤的反面是怠，敬的反面亦是怠。勤的反面是惰，敬的反面亦是惰。勤的反面是安逸，敬的反面亦是安逸。古人说："无逸。"无逸可以说是勤，亦可以说是敬。人做了一事，又做一事，不要不必需的休息，此是普通所谓做事勤。人于做某事时，提起全副精神，专一做某事。此是孔子所谓"执事敬"。于无事时，亦常提起全副精神如准备做事然。此即宋明道学家所谓"居敬"。朱子说："主一又是敬字注解，要之事无小无大，常令自家思虑精神尽在此。遇事时如此，无事时亦如此。"又说："今人将敬来别做一事，所以有厌倦，为思虑引去。敬是自家本心常惺惺便是。又岂可指擎跽曲拳，块然在此，而后可以为敬？"又说："敬却不是将来做一个事。今人多先安一个敬字在这里，如何做得？敬只是提起这心，不教放散。"宋明道学家所谓"求放心"，所谓"操存"，所谓"心要在腔子里"，都是说此。简言之，居敬或用敬，即是提起精神，"令自家思虑精神尽在此"。

我们现在常听说：人必须有朝气。所谓有朝气的人，是提起精神，奋发有为的人。若提不起精神，萎靡不振的人，谓之有暮气。我们可以说，能敬的人自然有朝气，而怠惰的人都是有暮气。

敬可以说是一个人的"精神总动员"。由此方面说，敬对于人的做事的效率及成功，有与现在普通所谓奋斗、努力等同样的功用。

以上是将敬作为一种立身处世的方法说。以下再将敬作为一种超凡入圣的途径说。凡者对圣而言。圣是什么？我们于《新理学》中已经说过。我们本书的性质，不容我们现再详说。但为读者方便起见，于下粗略言之。

一般的宗教家及一部分的哲学家，都以为人可以到一种境界，在其中所谓人己内外的界限，都不存在。所谓人己内外，略当于西洋哲学中所谓主观、客观。主观是己，是内；客观是人，是外。在普通人的经验中，这个界限是非常分明的。但人可到一种境界，可有一种经验，在其中这些界限都泯没了。这种境界，即所谓万物一体的境界。这种境界，即宋明道学家所谓圣域。能到这种境界，能入圣域的人，即宋明道学家所谓圣人。

宗教家所说，入圣域的方法，即所谓修行方法，虽有多端，但其主要点皆不离乎精神上的勤。如耶教佛教之念经打坐，皆所以“令自家思虑精神，尽在此”也。用此念经打坐等方法，“令自家思虑精神，尽在此”，是于日用活动之外，另有修行方法。这种方法，可以说是主静。静者对于活动而言，宋明道学家有讲主静者，有教人静坐者。朱子说：“明道在扶沟，谢游诸公，皆在彼问学。明道一日曰：‘诸公在此，只是学某说话，何不去力行？’二公曰：‘某等无可行者。’明道曰：‘无可行时，且去静坐。盖静坐时便涵养得本原稍定。虽是不免逐物，及自觉而收敛归来，也有个着落。’”所谓“涵养得本原稍定”，及“收敛归来，也有个着落”者，即是“令自家思虑精神，尽在此”也。凡此大概都是受佛家的影响。

伊川虽亦说，“涵养须用敬”，但他亦“见人静坐，便叹其善学，曰：‘这却是一个总要处。’”至朱子始完全以主敬代主静。这是宋明道学的一个很重要的进展。盖主敬亦是“令自家思虑精神，尽在此”，但主静则须于日用活动之外，另有修行工夫，而主敬则可随时随事用修行工夫也。朱子说：“濂溪言主静”，“正是要人静定其心，自作主宰。程子又恐只管静去，遂与事物不相涉，却说个敬”。正说此意。

常“令自家思虑精神，尽在此”，如何可以达到所谓万物一体的境界？若欲答此问题，非将主有此境界的宗教家与哲学家所根据的形上学，略说不可。但此非本书的性质及范围所可容许者。如欲于此点，多得知识者，可看《新理学》。

现所需略再附加者，即在中国哲学中，诚字有时亦指此内外合一的境界。程伊川说：“诚然后敬，未及诚时，却须敬而后诚。”其所谓诚，或指此所说境界；其所谓敬，或指此所说达此境界的方法。上文说：伊川此言，或有较深的意义。其较深的意义，大约是如此。敬的功用如此之大，所以朱子说：“敬之一字，圣学所以成始而成终者也。”又说：“敬字真是学问始终，日用亲切之妙。”立身处世，是圣学之始；超凡入圣，是圣学之终。二者均须用敬。所以敬字真是学问始终。

如此以敬求诚，是宋明道学家所说诚敬的最高义。

（选自《新世训》，1940 年 7 月开明书店出版）

行忠恕

“子曰：‘参乎，吾道一以贯之。’曾子曰：‘唯。’子出，门人问曰：‘何谓也？’曾子曰：‘夫子之道，忠恕而已矣。’”（《论语·里仁》）朱子《集注》说：“尽己之谓忠，推己之谓恕。……夫子之一理浑然而泛应曲当，譬则天地之至诚无息，而无物各得其所也。……盖至诚无息者，道之体也。万殊之所以一本也。万物各得其所者，道之用也。一本之所以万殊也。由此观之，一以贯之之实可见矣。”照朱子的讲法，有天地的忠恕，有圣人的忠恕，有学者的忠恕。《语录》说：“天地是一个无心的忠恕，圣人是一个无为的忠恕，学者是一个着力的忠恕。学者之忠恕，方正定是忠恕。”

先就天地的忠恕说，照朱子的说法，天地之至诚无息，便是天地的忠；万物各得其所，便是天地的恕。忠是道之体，恕是道之用。朱子《集注》引程子说：“维天之命，於穆不已，忠也；乾道变化，各正性命，恕也。”亦是就天地的忠恕说。朱子《集注》又引程子说:“忠者无妄,恕者所以行乎忠也。忠者体,恕者用,大本达道也。”照宋明道学家的看法,宇宙是一个道德的宇宙。它本身是道德的,没有一点不道德的或非道德的成分在内。因此它是无妄。因其是无妄,所以是诚。《中庸》说:“诚者,天之道也。”周濂溪《通书》亦说:“‘大哉乾元,万物资始’,诚之源也。‘乾道变化,各正性命’,诚斯立焉。”此所谓诚亦是宇宙的诚,不是人的诚。程朱所说天地的忠,亦是无妄,亦是诚。从宇宙的忠,诚,无妄的“体”,发出来万事万物;这些万事万物的发出,即是天地的“恕”。恕是推己及人。万物各得其所,似乎是天地的推己及人,所以说是天地的恕。宋明道学家以为宇宙的主动者是道德的理性,所以他们的形上学中多用道德学中的名词。海洛尔以为宇宙的主动者是理智的理性,所以他的形上学中多用逻辑学中的名词。宋明道学家的形上学与道德学混。海格尔的形上学与逻辑学混。

就圣人的忠恕说,照朱子的讲法,尽己之谓忠,推己之谓恕。朱子《语录》说:“尽己只是尽自己之心,不要有一毫不尽。如为人谋一事,须直与他说,这事合做与否。若不合做,则直与说,这事决然不可为。不可说道,这事恐也不可做,或做也不妨,此便是不尽。”《语录》又说:“圣人是因我这里有那意思,便去及人。因我之饥寒,便见得天下之饥寒,自然恁地去及他。贤人以下,知道我是要恁地想人亦要恁地,而今不可不教他恁地,便是推己及物,只是争个自然与不自然。”照朱子的说法,推己及人是恕,推己及人,须尽自己之心是忠。如自己愿吃饱,亦愿别人吃饱是恕。如自己愿吃十分饱，则亦愿别人吃十分饱是忠。圣人由己自然及人，更不必有意地“推”，此是无为的忠恕。学者则须有意地推，此是着力的忠恕。然说及忠恕时，我们所着重者，正是有意地推。所以说：“学者之忠恕，才是正定的忠恕。”

我们于以下所讲的，是朱子所谓学者的忠恕一类的。照我们的讲法，忠恕一方面是实行道德的方法，一方面是一种普通“待人接物”的方法。

先说忠恕二字的意义。恕是“己所不欲，勿施于人”。这是《论语》上有明文的。所以对于恕字的意义，不必再有争论。《论语》上虽常说忠，但究竟什么是忠，则并未说明。《论语》上常有人“问仁”“问孝”，但没有人问忠。照朱子的讲法，“推己及人”是恕，竭尽自己的心去及人是忠。照这一方面说，恕是主，忠是所以行乎恕者。但照朱子所谓天地的忠恕类推，则又似乎是：尽己以诚实无妄是忠，推己及人是恕。人必须先有诚实无妄之忠，然后可有推己及人之恕。照这一方面说，忠是主，恕是所以行乎忠者。无论从哪一方面说，忠恕俱不是平等的。他这种说法，是否合乎孔门的忠恕的原意，我们现在不论。我们现在并不打算对于孔门所谓忠恕的原意，作历史的研究。朱子的说法，可以认为是他自己的一种说法。

照我们的看法，在朱子的这种说法里，推己为恕，固然无问题，但尽己为忠，似乎应该补充为：“尽己为人”为忠。若只尽己而不为人，则不是普通所谓忠的意义。曾子说：“为人谋而不忠乎？”尽自己的力量为人谋是忠，否则是不忠。但若为自己谋，则无论尽己与否，俱不发生忠不忠的问题。我们现在说：人必须忠于职守。一个人的职守，都是他为国家，为社会，或为他人，所做的事。对于这些事可有忠或不忠的问题。但一人为他自己所做的事，则不是职守，他对于做这些事，亦不发生忠或不忠的问题。譬如一个人替银行管钱。管钱是他的职守，管得好是忠于职守，管得不好是不忠于职守。但如一个人管他自己的钱，则管钱不是职守，管得好或不好，不发生忠或不忠的问题。所以照普通所谓忠的意义，我们必须说“尽己为人”谓忠。

忠孝之忠，专指尽己以事君说。尽己事君，尽己为君办事，是忠，因事君或为君办事，亦是为人办事。在旧日的社会中，为君办事，是为人办事中之最重要者，所以忠有时专指尽己以事君说。此忠即忠孝之忠。关于此点，我们于《新事论·原忠孝》篇中，有详细的讨论。

怎么样才算是尽己为人呢？为人做事，必须如为自己做事一样，方可算是尽己为人。人为他自己做事，没有不尽心竭力的。他若为别人做事，亦如为他自己做事一样地尽心竭力，他愿意把他自己的一种事，做到怎样，他为别人做一种事，亦做到怎样，这便是尽己为人。

所以忠有照己之所欲以待人的意思。我们可以说：己之所欲，亦施于人，是忠。己所不欲，勿施于人，是恕。忠恕都是推己及人，不过忠是就推己及人的积极方面说，恕是就推己及人的消极方面说。

我们于以下再就忠恕是实行道德的方法说。此所说道德，是指仁说。仁是所谓五常之首，是诸德中的最重要的一德。孔子说："夫仁者，己欲立而立人，己欲达而达人，能近取譬，可谓仁之方也已。"（《论语》）朱子《集注》说："譬，喻也；方，术也。近取诸身，以己所欲，譬之他人，知其所欲，亦犹是也。然后推其所欲，以及于人，则恕之事，而仁之术也。"或问仁恕之别。朱子说："凡己之欲，即以及人，不待推以譬彼而后施之者，仁也。以己之欲，譬之于人，知其亦必欲此，而后施之者，恕也。此其从容勉强，固有浅深之不同，然其实皆不出乎常人一念之间。"朱子此所说恕，兼忠恕说。仁即是上文所说，圣人无为的忠恕。忠恕即是上文所说，学者着力的忠恕。如欲有无为的忠恕，则需从着力的忠恕下手。所以忠恕是"仁之方"，言其为行仁的方法也。

行仁的方法，统言之，即是推己及人；分言之，即是己之所欲，亦施于人，己所不欲，勿施于人。而此所说欲或不欲，即是平常人之欲或不欲，所谓"不出乎常人一念之间"。

孟子对于孔门的这一番意思，有很深的了解。齐宣王说"寡人有疾，寡人好色"，所以不能行仁政。孟子说：如果因你自己好色，你知天下人亦皆好色，因而行一种政治，使天下"内无怨女，外无旷夫"，这就是仁政。齐宣王又说"寡人有疾，寡人好货"，所以不能行仁政。孟子说：如果因你自己好货，你知天下人亦皆好货，因而行一种政治，使天下之人，皆"居者有积仓，行者有裹粮”，这就是仁政。孟子这一番话，并不是敷衍齐宣王的话，所谓仁政，真正即是如此。孟子说：“古之人所以大过人者无他焉，善推其所为而已矣。”推即是推己及人，即是行忠恕。不待推而自然及人，即是仁。不待推而自然及人，必须始自推己及人，所以忠恕是仁之方，是行仁的方法。

孔孟所讲忠恕之道，专就人与人的关系说。再进一步说，人不仅是人，而且是社会上某种的人，他是父，是子，是夫，是妇。一个父所希望于他的子者，与他所希望于别人者不同。一个子所希望于他的父者，与他所希望于别人者亦不同。《大学》，《中庸》，更就这些方面讲忠恕之道。《大学》说：“所恶于上，毋以使下。所恶于下，毋以事上。所恶于前，毋以先后。所恶于后，毋以从前。所恶于右，毋以交于左。所恶于左，毋以交于右。此之谓絜矩之道。”一个人在社会中，有一个地位。这个地位，有它的上下左右。他所恶于他的上者，亦必为其下所恶。既知为其下所恶，则即毋以此施于其下。此即是“己所不欲，勿施于人”。此即是恕。从另一方面说，一个人所希望于其上者，亦必为其下所希望。既知为其下所希望，则以此施于其下，此即是己之所欲，亦施于人，此即是忠。

《中庸》说：“《诗》云：‘伐柯伐柯，其则不远。’执柯以伐柯，睨而视之，犹以为远。故君子以人治人，改而止，忠恕违道不远，施诸己而不愿，亦勿施于人。君子之道四，丘未能一焉。所求乎子，以事父，未能也。所求乎臣，以事君，未能也。所求乎弟，以事兄，未能也。所求乎朋友，先施之，未能也。”一个人若不知何以事父，则只需问，在事父方面，其自己所希望于其子者是什么。其所希望于其子者，即其父所希望于其自己者。他如以此已事其父，一定不错。此即是己之所欲，亦施于人。此即是忠。自另一方面说，在事父方面，一个人若不知他的父所不希望于他自己者是什么，则只需问其自己所不希望于其子者是什么。他如勿以此事其父，一定不错。此即是己所不欲，勿施于人，此即是恕。在各种社会制度内，父子兄弟等所互相希望者不必同。但如此所说的忠恕之道，则总是可行的。

忠恕之道，是以一个人自己的欲或不欲为待人的标准。一个人对于别的事可有不知者，但他自己的欲或不欲，他不能不知。《论语》说:“能近取譬。”一个人的欲或不欲，对于他自己是最近的。譬者，是因此以知彼。我们说：地球的形状，如一鸡蛋。此即是一譬，此譬能使我们因鸡蛋的形状而知地球的形状。一个人因他的自己的欲或不欲，而推知别人的欲或不欲，即是“能近取譬”。

孟子说:“权，然后知轻重；度，然后知长短。物皆然，心为甚。”对于物之轻重长短，必有权度以为标准。对于别人的心，一个人亦有权度。这权度即是一个人的欲或不欲。一个人有某欲，他因此可推知别人亦有某欲。如此，他自己的某欲，即是个权，是个度。他知别人亦有某欲，则于满足他自己的某欲时，他亦设法使别人亦满足某欲，至少亦不妨碍别人满足某欲。此即是推己及人，此即是“善推其所为”。

《大学》所谓“絜矩”，亦是这个意思。一个人的欲或不欲，譬如是个矩，“所恶于上，毋以使下”等，即是以自己的矩去度量别人。所以，“所恶于上，毋以使下”等，是絜矩之道。

《中庸》说执柯伐柯，其则不远。一个人以他自己的欲或不欲去度量别人时，他自己的欲或不欲，即是个标准，即是个“则”。朱子《语录》说:“常人责子，必欲其孝于我，然不知我之所以事父者曾孝否。以我责子之心，而反推己之所以事父，此便是则也。常人责臣，必欲其忠于我，然不知我之事君者尽忠否。以我责臣之心而反之于我，则其则在此矣。”一个人若何待人的“则”，便在他自己的心中。所以执柯伐柯，虽其则不远，然犹须睨而视之，至于一个人若何待人之则，则更不必睨而视之。所以执柯伐柯之则，犹是远也。

忠恕之道的好处，即行忠恕之道者，其行为的标准，即在一个人的自己的心中，不必外求。猜枚是一种很方便的玩意，因为它所用的工具，即是人的五指。五指是人人有的，随时皆可用。我们下棋需要棋子棋盘，打球需要球场球拍，这都是需要另外找的。猜枚所需要的五指，则不必另外找，所以行之最方便。行忠恕之道者，其行为的标准，亦不必另外找，所以是最容易行的。然真能行忠恕者，即真能实行仁，若推其成就至极，虽圣人亦不能过。所以忠恕之道，是一个彻上彻下的“道”。

有些人要在古圣先贤的教训中求行为的标准。这些标准不如忠恕之道所说的切实合适。因为古圣先贤的教训，不是说及一类的事，即是说及某一件事，如他们的教训是说及某一类事者，则其所说，必是较宽泛的。一个人当前所遇见的事，虽亦可属于某一类，但它总有它的特殊方面，为某一类所不能概括者。关于某一类的事的教训，如适用于某一类中的某一事，则常使人感觉宽泛，不得要领。例如事亲是一类事。事亲须孝，这是尽人皆知的。但对于事亲一类中的每一事，如只以须尽孝为其标准，则行此事者仍觉得无所捉摸。他虽知尽孝是事亲一类的事的标准，但对于这一类事中的每一事，仍不一定能知若何行方合乎此标准。这种宽泛的标准，从实际行为的观点看，是没有大用处的，是不切实的。

如古圣先贤的教训是说及某一件事者，则其所说，必较切实，不宽泛。不过一个人如欲应用此教训于当前的一件事，此当前的一件事必须与原来所说的一件事是一类者。虽是一类，然亦必有许多不同。于此一个人又常觉得古圣先贤关于某一件事的教训，因说得太切实了，如适用之于当前的一件事，又不合适。

但如果一个人于事亲的时候，对于每一事，他只需想他所希望于他的儿子者是如何，则当下即可得一行为的标准，而此标准对于此行为是切实的而又合适的。一个人于待朋友的时候，对于每一事他只需想，他所希望于朋友者是若何，则当下即可得一行为的标准，而此标准对于此行为，亦是切实的而又合适的。

又有人以为人有良知，遇事自然知其应如何办。一个人的良知，自然能告他以任何行为的标准。此说亦以为，一个人如欲知任何行为的标准，不必外求。此说虽与忠恕之道之说同样简单，但不如其平易。因为良知说须有一种形上学为根据，而忠恕之道之说，则无须有此种根据也。己之所欲，亦施于人；己所不欲，勿施于人。此欲或不欲，正是一般人日常所有的欲或不欲，并无特别神秘之处。所以忠恕之道，又是极其平易的。

以上是把忠恕之道作为一种实行道德的方法说。以下我们再把忠恕之道作为一种普通"待人接物"的方法说。

在日常生活中，有许多事情，我们不知应该如何办。此所谓应该，并不是从道德方面说，而是从所谓人情方面说。普通常说人情世故，似乎人情与世故，意义是一样的。实则这两个中间，很有不同。《曲礼》说："来而不往，非礼也。"一个人来看我，在普通的情形中，我必须回看他。一个人送礼物与我，在普通的情形中，我必回礼与他。这是人情。"匿怨而友其人'，一个人与我有怨，但我因特别的原因，虽心中怨他，而仍在表面上与他为友。这是世故。我们说一个人"世故很深"，即是说此人是个虚伪的人。所以"世故很深"，是对于一个人的很坏的批评。我们说一个人"不通人情"，即是说此人对于人与人的关系，一无所知。所以"不通人情"，亦是对于一个人的很坏的批评。"不通人情"的人，我们亦常说他是"不通世故"。这是一种客气的说法。"不通世故"可以说是一个人的一种长处，而"不通人情"则是人的一种很大的短处。

"来而不往，非礼也"。若专把来往当成一种礼看，则可令人感觉这是虚伪的空洞的仪式。但如我去看一个人，而此人不来看我，或我与他送礼，而他不与我送礼，或我请他吃饭，而他不请我吃饭，此人又不是我的师长，我的上司，在普通的情形中，我心中必感觉一种不快。因此我们可知，如我们以此待人，人必亦感觉不快。根据己所不欲，勿施于人的原则，我们不必“读礼”而自然可知，“来而不往”，是不对的。

一个人对于别人做了某种事，而不知此事是否合乎人情，他只须问，如果别人对于他做了这种事，他心中感觉如何。如果他以为他心中将感觉快乐，则此种事即是合乎人情的；如果他以为他心中将感觉不快，则此种事即是不合乎人情的。

在某种情形下，一个人如不知对于别人做何种事方始合乎人情，他只须问他自己，在此种情形下，别人对于他做何种事，他心中方觉快乐。他以为可以使他心中感觉快乐者，即是合乎人情的；他以为可以使他心中感觉不快者，即是不合乎人情的。

在表面上，礼似乎是些武断的、虚伪的仪式。但若究其究竟，则它是根据于人情的。有些深通人情的人，根据于人情，定出些行为的规矩，使人照着这些规矩去行，免得遇事思索。这是礼之本义。就礼之本义说，礼是社会生活所必须有的。所以无论哪一个社会，或哪一种社会，都须有礼。

但行礼的流弊，可以使人专无意识，无目的的，照着这些规矩行，而完全不理会其所根据的人情。有些人把礼当成一套敷衍面子的虚套，而不把它当成一种行忠恕之道的工具。如此则礼即真成了空洞的虚伪的仪式。如此则通礼者即不是通人情而是通世故。民初人攻击礼及行礼的人，都完全由此方面立论。其实这是礼及行礼的流弊，并不是礼及行礼的本义。民初人所要打倒的孔家店的人，亦反对礼及行礼的这一种的流弊。《论语》说：“子夏问曰：‘巧笑倩兮，美目盼兮，素以为绚兮，何谓也？’子曰：‘绘事后素。’曰：‘礼后乎？’子曰：‘起予者，商也。始可与言诗已矣。’”朱子《集注》说：“礼必以忠信为质，犹绘事必以粉素为先。”朱子《集注》又引杨氏曰：“甘受和，白受采，忠信之人，可以学礼。苟无其质，礼不虚行。”此即是说，必老实质朴的人，始能不以礼为空洞的虚套而行之。所以必老实质朴的人始可以行礼。老实质朴的人行礼，是以礼为行忠恕之道的工具而行之。如此的行礼是合乎人情。油滑虚伪的人行礼，是以礼为敷衍面子的虚套而行之。如此的行礼是“老于世故”。

一个主人请客，如某客没有特别的原因，而不去赴会，则为失礼。专把这种事当成一种失礼看，则又可令人感觉，礼是一种虚伪的空洞的套子。但如一个人自做主人，遇见这种情形，他必心感不快。根据己所不欲，勿施于人的原则，他亦不必“读礼”，即可知这种行为是不对的。

我住在一个地方，如有朋友来此，立刻来看我，我心里感觉快乐，他如不来看我，或过许多天才来，我心里即感觉不快。根据己之所欲，亦施于人的原则，我们如到一个地方，先看朋友，是礼，是合乎人情的行为。《孟子》说沈克到一个地方，过三天才去看孟子。孟子问他：何以不早来？沈克说：“馆舍未定。”孟子说：“馆舍定，而后始见长者乎？”沈克说：“克有罪。”沈克对于孟子的行为是失礼。专从失礼看，又不免令人感觉，礼是一种虚伪的空洞的套子。但从忠恕之道看，礼不是套子，礼是有根据于人情的。

或可说：讲忠恕之道者，都以为人的欲恶是相同的。如人的欲恶是不相同的，则此人之所欲，或为别人之所恶。如此人推其所欲，施于别人，则别人适得其所恶，且不大糟？关于此点，我们说，凡关于人的学问，都是以人的大致相同为出发点。生理学及医学以为人的生理是大致相同的。心理学以为人的心理是大致相同的。若在这些方面，每人各绝不相同，则即不能有生理学，医学，及心理学。孟子说："口之于味也，有同嗜焉。""目之于色也，有同美焉。"如果人的口无同嗜，则即不能有易牙。如果人的目无同美，则即不能有子都，更不能有美术。《孟子》说："不知足而为屦，我知其不为蒉也。"鞋店里做鞋，虽不知将来穿鞋者之脚的确切的尺寸，但他决不将鞋做成筐子。因为人的脚的确切的尺寸，虽各不相同，然大致总差不多，所以鞋店里人，虽不必量将来穿鞋者的脚，而他所做的鞋，大致都可以有人穿。由此可见，人在许多方面，都是大致相同的。讲忠恕之道者以为人的欲恶大致相同，是不错的。有一故事说：某人做官，以长于恭维上司著称。一日有新总督到任，此人往接。新总督以不喜恭维著称。此人的同官谓此人：新总督以不喜恭维著称，你还能恭维他吗？此人说：有何不能？及总督到，见众官，即说：本人向不喜恭维，请大家勿以恭维之言进。此人即进曰："如大帅者，当今能有几人？"新总督亦为之色喜。此故事颇可说明，人的欲恶是大致相同的。

或可说：人既皆喜阿谀，则行忠恕之道者，亦必将因自己喜阿谀，而知人亦喜阿谀，因此见人无不阿谀。然阿谀何以有时又是不道德的行为，至少亦常是不高尚的行为？于此我们说：人都喜听好话，这是事实。在相当范围内，对于人说好话，使其听着顺耳，是行忠恕之道，是合乎人情的。我们于见人时所说的所谓“客气话”，如“你好哇”“你忙哇”，都是这一类的好话。于人结婚时，我们说：“百年好合。”于人庆寿时，我们说：“寿比南山。”于贺年片上，我们所说的吉祥语，都是这一类的好话。这些话可以使受之者心中快乐，而又于他无害，所以说这些好话是行忠恕之道，是合乎人情的。但如说好话超过相当的范围，则听之者或将因此而受害。受害是己所不欲者。己所不欲，勿施于人。所以不说过分的好话，亦是行忠恕之道，亦是合乎人情的。且见人说过分的好话者，其用心往往是对人别有所图。所以有时是不道德的，至少亦常是不高尚的。所谓阿谀，正是指这种见人说过分的好话的行为而言，所以阿谀有时是不道德的，至少亦是不高尚的。

以上所说的忠恕之道，都是就在平常情形中人与人的关系说。若在特别的情形中，则忠恕之道有时似乎不可行，而实则仍是可行的。例如在平常情形中，我们对于朋友，须说相当的客气话，好听话，但有时对于朋友，须劝善规过，劝善规过的话，未必是朋友所爱听的。如此看，则对于朋友的劝善规过，似乎不合忠恕之道。但这不合不过是表面上的。我们向来说：“良药苦口而利于病，忠言逆耳而顺于行。”忠言虽逆耳，而于受之者是有利的。有利是己之所欲。己之所欲，亦施于人，所以向人进忠言，亦是行忠恕之道，是合乎人情的。

又例如，如一人来约我做不道德的行为，我如拒绝，彼必不欲，如此则我亦将因行忠恕之道而从之乎？关于此点，我们说：如果一人所做的行为是不道德的，则其行为大概亦是不合忠恕之道者。他的行为不合忠恕之道，则我不从之，正是行忠恕之道也。例如一人做偷窃的行为，此行为是不合忠恕之道者，因此人虽偷人，而必不愿人偷他。如此人约我同去偷窃而我不从之，我的理由是：我不愿人偷我，所以我亦不偷人，这正是合乎忠恕之道。如此人是我的朋友，我不但不从之，且须设法使其亦不偷窃。此是“所求乎朋友，先施之”。此亦正是忠恕之道。

我们有时且须帮助别人捕盗。我们于此时不能设想：假如我是贼，我不愿别人来捕我，因此我亦不捕盗。我们不能如此设想，因为做贼根本上即是一种反乎忠恕之道的行为也。但我可想：我如被盗，我愿别人来帮我捕盗。己之所欲，亦施于人。所以帮人捕盗，是合乎忠恕之道的。

这些都是比较容易看见的道理。尚有不十分容易看见者，下略述之。

人的欲恶虽大致相同，但如有许多可欲的事不能俱得，或许多可恶的事不能俱免，则须作选择。此选择可以因人不同。如孟子说：“鱼，我所欲也；熊掌，亦我所欲也。二者不可兼得，舍鱼而取熊掌者也。”孟子舍鱼而取熊掌，但亦未尝不可有人舍熊掌而取鱼。馆子里菜单里有许多菜，这些菜都是好吃的，但每个客人所点的，可以不同，或不尽同。在馆子里，主人有时请客人自己点菜，正是为此。主人可想：我好吃美味，客人亦好吃美味，所以请他下馆子，但我自己所好的美味，不必即是客人所好的美味，所以请他自己点菜，这是不错的。皆好美味，是人的大同；各有所好的美味，是人的小异。

然因有此种情形，则忠恕之道，有时行之，似有困难。例如“所求乎子以事父”，我所求于我的子者及我的父所求于我者，可大同而小异。如我希望我的子上进，我的父亦希望我上进，这是大同。但假如我所谓上进，是就道德学问方面说，我的父所谓上进，是就富贵利达方面说，则我所希望于我的子者及我的父所希望于我者，其间不免有小异。如此，则我如以我所求乎子者以事父，未必即能得我的父的欢心。

在这些情形中，有些时候，大同中的小异是不相冲突的。例如一个人希望他的子以美味养他，他如行忠恕之道，他自亦须以美味养他的父。但他所好的美味是鱼，而他的父所好的美味是鸡。此父子二人所好不同，但其所好并不互相冲突。这一个人可以希望他的子予他鱼，而他自己则予其父鸡。这是没有什么困难的。但如大同中的小异，有冲突的时候，则即有困难发生了。例如一个人希望他的儿子在学问道德方面上进，他如以其所希望于其子者事父，则他自己亦须在学问道德方面上进，然如他的父所希望于他者，是在富贵利达方面上进，则在道德学问与富贵利达不能兼顾的时候，此人即遇一问题：他或者为求得其父的欢心，而牺牲他自己的志愿，或遂行他的志愿，而不顾他的父的希望。于此情形中，忠恕之道，似乎是难行了。

对于这一类的情形，我们应该略其小异而观其大同。如果一个人想着：他希望他的子上进，所以他亦须上进，以期勿负他的父的希望，他即是对于他的父行忠恕之道，虽此人所以为上进者，与其父所以为上进者，不必尽同。向来有孝子而不得其父的欢心者，其原因多由于此。在传说中，舜是一最好的例。

本来以忠恕之道待人，在原则上人虽本可以得对方的满意，而事实上却不能必如此。因人之欲恶，有大同亦有小异。在有些时候，别人的欲恶，在其小异方面，我本不知之。所以“有不虞之誉，有求全之毁”。在有些时候，别人的欲恶，在其小异方面，我虽知之，而亦不必特意迎合之。在普通交际中，特意迎合一人的欲恶的小异，则即是，或近于，奉迎谄媚。在普通人与人的关系中，我只需以己度人，而知其好恶的大同，不必曲揣人意，而注意于其好恶的小异。我只行忠恕之道，推己及人，至于人之果满意与否，则不必问。此之谓“直道而事人”。

然若一人真行忠恕之道，使对方能知其所以待人者，实亦其所希望人之待己者，则事实上对方对于此人的行为，虽一时因欲恶的小异，或有不满，但久亦必能原谅之。《论语》说：“晏平仲善与人交，久而敬之。”晏平仲何以能使人久而敬之，《论语》虽未说，不过人若真能以忠恕之道待人，虽一时或因不合乎别人的欲恶的小异，而致其不满，但久则终可因其合乎别人的欲恶的大同，而得其原谅。行忠恕之道者，确可谓“善与人交，久而敬之”。

各种社会的制度不同，所以在一种社会内，某种人之所希望于某另一种人者，与在另一种社会内，某种人之所希望于某另一种人者，可以不同。例如在一种社会内，有君臣。在另一种社会内，则可只有一般的上下而无君臣。君臣虽亦是上下，而是一种特别的上下。譬如说“君要臣死，臣不得不死”等，只可对于君臣说，而不可对一般的上下说。虽亦有人说，君臣一伦，即等于上下，然其实是不相等的。君之所希望于臣者，一般的上不能希望于其下。又如在以家为本位的社会中，兄之所希望于弟，或弟之所希望于兄者，比在以社会为本位的社会中，兄弟所互相希望者，要大得多。在以家为本位的社会中，父之所希望于子，及子之所希望于父者，比在以社会为本位的社会中，父子所互相希望者，亦要大得多。如使父子兄弟均在一种社会内，这些分别，固然不成问题。但如一社会在所谓过渡时代中，由一种社会转入另一种社会，一个父所处是一种社会，一个子所处是另一种社会。在现在中国，这些情形甚多，而且易见。有许多父是生长在以家为本位的社会之内，因之他所希望于其子者，可以甚多。而其子则生长于以社会为本位的社会之内，他所希望于他的子者，可以甚少。他如以他所求于子者事父，他的父必不满意。我们所看见的，有许多家庭问题，大部分都是从此起的。而老年人所以常有“人心不古，世风日下”的感叹者，大部分亦是从此起的。

虽在这些情形中，“所求乎子以事父”，还是可行的。一个人所以事父者，如确乎是他所希望于其子者，他的事父，总可以得到他的父的原谅，至少总可以得到一般人的原谅。一个人所希望于别人者，及其所以待人者，有些是随社会制度的变而变的。在这些方面，一个人所希望于别人者，及其所以待别人者，应该根据于同一种社会制度。这一点在普通的情形中，固不大成问题。但在一个所谓过渡时代中，往往有人，其所希望于人者，与其所以待别人者，不根据于同一种社会制度。他的行为，一时取这一种社会制度所规定的办法，一时取那一种社会制度所规定的办法，而其所取，都是合乎他自己的私利的。例如一个人，对于许多事，皆不遵奉他的父的意旨，他以为是照着以社会为本位的社会制度的办法办的，但是对于他父的财产，则丝毫不放松。如果他是长子的时候，他还可以引经据典地证明，他可以独得，或多得他父的财产。于是他的行为又是照着以家为本位的社会制度的办法办的。这种行为，是不合乎忠恕之道的。他如反躬自问，他自己决不愿有这种儿子。一个人对于他的上司，不愿行种种礼节，自以为是要废除阶级，实行平等。但他的下属，若对于他不行种种礼节，他又不答应了。此人是不讲忠恕之道的，他的行为是不合乎“所恶于下，毋以事上”的原则的。但一个人所希望于别人及其所以待别人者，皆一致地照着某种社会制度所规定的办法办，则我们虽或不赞成某种社会制度所规定的办法，而对于此人在这些方面的行为，仍不能不说是合乎忠恕之道。

如一个人所希望于别人者，与其所以待别人者，一时取这一种社会制度所规定的办法，一时取那一种社会制度所规定的办法，而其所取，都是牺牲自己，而为别人的便利。这个人的这种行为，是合乎忠恕之道的。因为“为别人便利，而牺牲自己”，亦是我所希望于别人者。所求于人者，先施之，是合乎忠恕之道的。我若有个儿子，虽不在与我同一种的社会之内，而仍照我所在的一种社会制度所规定的办法以事我，我是更满意的。因此我知，我若如此事我的父，我的父亦是更满意的。

以上是就这种社会，那种社会说，以下再就这个社会，那个社会说。就某种社会说，与就某个社会说，有很大的分别。例如说资本主义的社会，社会主义的社会，是就这种社会，那种社会说，是就某种社会说。如说中国社会，西洋社会，是就这个社会，那个社会说，是就某个社会说。

这个社会与那个社会的礼，虽俱根据于人情，而可以不同。这是由于他们对于在某方面的人情的注重点不同。例如中国人宴客，如只一桌，主客坐在离主人最远的地方。西洋人宴客，则主客坐在离主人最近的地方。这差异并不是这种社会与那种社会的差异，而是这个社会与那个社会的差异。此差异虽是差异，但均合乎忠恕之道。中国宴客的坐法，使客人高高在上，乃所以尊之也。尊之是主客愿意受的。西洋宴客的坐法，使主客坐在主人旁边，乃所以亲之也。亲之亦是主客愿意受的。我们待人或尊之，或亲之，二者是不容易兼顾到的。所以说，父尊母亲。所以待人或尊之，或亲之，在不能兼顾的时候，二者必选其一。无论所选者为何，若使对方能了解其意，他都是要感觉快乐的。以为招待一社会的人必用其社会的一套礼，是错误的。

大概在西洋人的社会中，人待人是要亲之，而在中国社会中，人待人是要尊之。于上所说者外，在许多别的方面，亦可见此点。例如中国人写信，上款写某某仁兄、大人、阁下。称阁下者，不敢直斥其人也，此是尊之。西洋人写信，上款称亲爱的某先生，直斥其人而又称之为亲爱的，此是亲之。在中国旧日，一个皇帝的名是圣讳，此是尊之。而西洋人则直呼其君的名，此是亲之。清末人说，中国尚文，西洋尚质。尚文者对于人以尊之为贵，尚质者对于人以亲之为贵。虽有此不同，尊或亲均是人所愿受的。所以尊人或亲人，俱是合乎忠恕之道的。

由上所说，我们可以知道，忠恕之道，是在任何时代，任何地方，都可以行的。范纯仁说："吾平生所学，得之忠恕二字，一生用之不尽。"此话是经验之谈，极有道理的。

（选自《新世训》，1940 年 7 月开明书店出版）

爱与哲学

爱与哲学

在《共和国》中，柏拉图以灵魂三分之调和，为最好的境界，盖此即是灵魂之最好的境界也。吾人当力求实现此调和，因此即是人生之最高理想也。但吾人之肉体，既即是“黑马”之实现，则灵魂一日未脱肉体之监狱，“黑马”与其御者之调和，即一日不能完全实现。求实现理想而理想终不能完全实现，此此世界中之通例也。

此世界所有之物，皆是醒的真实之梦影；即道德与正谊亦然。所以柏拉图在《共和国》之前半数卷中，既已运其自己对于正谊之意见，复云:“尚有一知识，较此更高，较道德与正谊更高。”(《共和国》五〇四节）在此世界中，所有一切道德的性质，在个人修养或社会关系中所表现者，无论如何完备，而终是绝对的概念之形似或摹仿品，与此世界所有之物，同属一类。灵魂所欲观而“取养”者，乃绝对的概念，“绝对的存在中之绝对的知识”(《飞逐拉斯》

二四七节）。故对于曾见绝对的正谊之人，人间之道德及法律，“不过正谊之影像或其影像之影”而已（《共和国》五一七节）。所以有“智力”之人，对于灵魂以前与神同处时所有之经验，记忆不忘者，永不满意于此世界中之物也。所以柏拉图说：哲学家之心，独为有翼；因其能常回忆帝天所居之处之物也。能善用此记忆者，可入于最高的神秘，而独为完全。但因其遗忘人间诸事，所以常人以为疯魔，而不知其有所激发也（《飞逐拉斯》二四九节）。此对于永存的概念之追求，即是柏拉图所谓“爱”之表现。“爱”介于人神之间，而连其隔绝；在“爱”之中，一切皆合为一［《一夕话》（symposium）二〇二节］。质言之，“爱”即所以联络柏拉图之两世界者。

灵魂为肉体所累，居于变的世界之中，而常求“自反”。

他自反时，他即反省；于时他即入于纯洁，永存，不死，不变之域；凡此皆与灵魂同类，而且，在灵魂自存而未受阻碍之时，为其所曾同处者；于是灵魂离其迷路，且既与不变者交通，即亦为不变矣。灵魂之此境界，名为智慧。（《非都》七九节）

所谓“智慧”即是灵魂之最好的，原来的境界。哲学即是“爱”“智”。

（选自《人生哲学》，1926年9月商务印书馆出版）

爱之事业

有一方法可使吾人超过个性原理而不为所限。所谓爱之事业或所谓“心之扩大”，亦可使吾人不蔽于“欺瞒之网”。盖爱与心皆属于情，而依叔本华说，情与理智的知识，正相反对。（叔本华《世界如意志与观念》英译本第一册六八页）人虽为“欺瞒之网”所包，于人我之间，清分界限，而于见他人受苦之时，则鲜有不动心者。人皆有同情心，乃是事实。即恶人常以害人为事，而在其意识之最深处，亦未尝不自恨其所为，未尝无悔恨之情（同上，四七四页）。所以如此者，岂非以各个体之间，虽有空间与时间之隔离，而其本根，则皆系一概念、一意志所表现者耶？各个体虽若痛痒不相关，而在其意识之最深处，则未尝不微觉万物之为一也（同上，四七二页）。自私之人，为个体原理所紧缚，分别人我，极其清楚，损人利己，不顾良心之责备。心已扩大之人则不然。

个性原理，构成现象之形式，已不拘束他了。人己间之界限，恶人所视为甚大的鸿沟者，于他则为幻妄的现象。他直接看见——非以理论推测——他自己之本体即别人别物之本体——要生活之意志，构成一切物之内的性质而亦生于一切物之内；禽兽及天然界之全体，皆此一意志所现，所以他即对于禽兽，亦不虐待。……盖行爱之事业之人，“欺瞒之网”，已不能蔽，而个体原理之幻妄，亦已远离。……远离“欺瞒之网”之幻妄，与爱之事业，实是一事。……以此则心扩大，正如以自私则心缩小。（同上，四八一至四八二页）

所以以“心之扩大”，个性原理，亦可超过。我们亦可说由爱而得之超越的知识，比由美术所得，尤为在上。由美术我们可见概念，由爱我们更可见一切概念，亦本是一。

（选自《人生哲学》，1926年9月商务印书馆出版）

爱之中道

依叔本华说，人生之自身即是一大矛盾。同情心既为吾人所同有，而事实上吾人之生活，必牺牲他物，方能维持。即佛家者流，慈悲不食肉，然亦不能不粒食也。以万物为一体者，何能出此？依儒家说，则吾人之爱，本有差等。此说自孟子始显言之；新儒家更为“理一分殊”之说，大畅其旨。如王阳明《传习录》云：

问：“程子云：‘仁者以天地万物为一体。’何墨氏兼爱，反不得谓之仁？”先生曰：“此亦甚难言，须是诸君自体认出来始得。仁是造化生生不息之理，虽弥漫周遍，无处不是，然其流行发生，亦只有一个渐，所以生生不息。……譬之木，其始抽芽，便是木之生意发端处。……父子兄弟之爱，便是人心生意发端处，如木之抽芽。自此而仁民，而爱物，便是发干，生枝，生叶。墨氏兼爱无差等，将自家父子兄弟与途人一般看，便自没了发端处。不抽芽便知

他无根，便不是生生不息，安得谓之仁？”（《传习录》上）

又云：

问：“大人与物同体，如何《大学》又说个厚薄？”先生曰：“惟是道理自有厚薄。比如身是一体，把手足捍头目，岂是偏要薄手足？其道理合如此。禽兽与草木同是爱的，把草木去养禽兽又忍得。人与禽兽同是爱的，宰禽兽以养亲，与供祭祀，燕宾客，心又忍得。至亲与路人同是爱的，如箪食豆羹，得则生，不得则死，不能两全。宁救至亲不救路人，心又忍得。这是道理合该如此。及至吾身与至亲，更不得分别彼此厚薄；盖以仁民爱物皆从此出，此处可忍，更无所不忍矣。《大学》所谓厚薄，是良知上自然的条理，不可逾越，此便谓之义。顺这个条理，便谓之礼。知此条理，便谓之智。始终是这条理，便谓之信。”（《传习录》下）

此即谓吾人良知，在相当范围内，亦承认自私为对耳。同情心固为吾人所固有，而自私心亦何莫不然？吾人本来有此二本能的倾向；儒家爱有差等之说，盖即所以调和之。依此说则吾人固“爱物”，但在必要时仍不妨以之为牺牲；盖“君子之于物”，固“爱之而弗仁”也。吾人固爱人，但比于所亲，又有差别；盖“君子之于民”，固“仁之而弗亲”也。“君子亲亲而仁民；仁民而爱物”（《孟子·尽心》上）；此爱之差等也。

（选自《人生哲学》，1926年9月商务印书馆出版）

爱与终因

柏拉图视此世界，如一瀑流，终日变化，无有停止，而概念世界，则永久如一，无有变动。依亚里士多德所说，则此世界：诚如一瀑流，但非无目的之瀑流。天然是动；动即是潜藏的（potential）物之实现（亚里士多德《物理学》第三章第一节）。如鸡卵乃一潜藏的鸡，其生长变化，即所以变为现实的（actual）的鸡，换言之，即所以实现鸡之形式，鸡之概念也。所以一切物之生长变化，皆有目的。其目的即在实现其概念。其概念即其好，其力因，其式因，其终因也。每一概念，即是一好，可比于“欲望之对象及思想之对象；能动物而不为所动”。“终因是：（一）为其故而有活动者，（二）为活动所以为目的者。……终因为被爱而引起活动，即以其所动，引动一切”（亚里士多德《后物理学》一〇七二）。此即谓概念如欲望之对象，可欲可爱故即为好；因其可爱，故能引起活动；活动即所以得可爱的好也。一切活动，皆是爱力。

此亚里士多德所说之爱也。“凡爱好者，皆欲得之”（柏拉图《一夕话》*Symposium* 二〇四）。此柏拉图之言；亚里士多德之意见，盖亦相同。但依柏拉图，诸概念及绝对的好，皆不在此世界；只曾经哲学的修养而复返于理想世界者，可见绝对的好及诸物之形式而有之。依亚里士多德，则此世界即是理想世界。此世界之不断的变化，正是爱之表现。以此爱力，而潜藏（potentiality）与现实（actuality），潜藏的好与实际的好，乃相连贯。物之终因是“理，而理亦诸物之起点；人为的物及天然的物皆然”（亚里士多德 *De Partibus Animalium* 六三九）。故“理”为一切物之终始。概念非只在理想世界之中；此世界诸物，亦非仅其摹本。概念正是诸物之形式，亦即其生长变化之目的。故依柏拉图所说，则理想的与实际的分开；依亚里士多德所说，则理想的即实际的，或实际的即理想的。因概念即在此世界之故，即与概念相对之“物质”，亦复是好。亚里士多德云：

若物质即是潜藏的诸物，如吾人所说，例如实际的火之物质即是潜藏的火，如此则不好亦正是潜藏的好。（《后物理学》一九〇二）

所以在亚里士多德之哲学中，更无与“智慧”相反者。“诸物之次序，是天然中之可能的最好的”（亚里士多德《伦理学》第一章十节）。

（选自《人生哲学》，1926 年 9 月商务印书馆出版）

情，欲

从性所发之事，程朱名之为情；情即性之已发。孟子说："恻隐之心，仁之端也。"照朱子的讲法，仁是性，是未发，恻隐是情，是已发。未发之性不可见，但可于已发之情见之。朱子说："有这性便发出这情。因这情，便见得这性。因今日有这情，便见得有这性。"又说："性才发便是情，情有善恶，性则全善。"（《语类》卷五）

所谓"情有善恶"者，有两种意义。就一种意义说，由一某事物所有之某性发出之某事，总不能完全合乎其义理之性。其合乎多者是善，少者是不善或恶。若一某事物之某情，能完全合乎其义理之性，则此某事物即是完全的。自真际或实际之观点看，一切事物皆应使其情完全如其性，用王弼一句话说，即各应"性其情"。

就另一种意义说，由一某事物所有之辅性发出之情，与由其所有之正性发出之情或有冲突。其不冲突者是善；冲突者是不善或恶。例如从人所有之性发出之情，与由人之性发出之情或有冲突、其不冲突者是善，冲突者是不善或恶。朱子所谓“情有善恶”，是就此种意义说。

就人说，从人所有之性或从一个人所有之性所发生之生理的、心理的要求，其反乎人之性者，宋儒名之曰欲。朱子说：“欲则水之流而至于滥也。”（《语类》卷五）所谓滥者，即出乎一定的规范也。欲，宋儒亦称为人欲。照宋儒的说法，人之性即人之所以为人者，是天理，其反乎此的生理的、心理的要求是人欲，如上所说之冲突，即以前道学家所谓“理欲冲突，天人交战”。

人欲一名，最易引起误会，以为凡人所有之生理的、心理的要求，皆是人欲，皆为以前道学家所认为是不道德的者。戴东原说：“宋以来儒者，举凡饥饿愁怨，饮食男女，常情隐曲之感，则名之曰人欲。故终其身见欲之难制。其所谓存理，空有理之名，实则绝情欲之感耳。”（《孟子字义疏证》）东原以及其他反对宋儒所谓理欲之辨者，大都如此说。这完全是误解，此误解之起，由于对于宋儒所谓人欲，望文生义。宋儒并未说过，“凡饥饿愁怨，饮食男女，常情隐曲之感”，都是欲或人欲。只有其中之反乎人之所以为人者，方是欲或人欲。东原说：“欲之失为私。”（同上）宋儒所谓欲或人欲，正是东原所谓欲之私者。所以在宋儒中，欲或人欲亦称私欲。

若知“宋以来儒者”所谓欲或人欲之意义，则所谓理欲之辨，实是没有什么可以批评的。批评之者都是由于误解。为免除此种误解，我们可以将欲、人欲及私欲之意义，重新确定。我们说：凡人所有之生理的或心理的要求，皆称为欲或人欲。欲，或人欲之本身，从道德的观点看，皆是无所谓道德的或不道德的。欲，或人欲，之与由人之性所发出之事冲突者，是不道德的。这些欲我们称之为私欲。欲之私者，大概总是不道德的；因为道德是社会的，是公的。

（选自《新理学》，1939 年 5 月商务印书馆出版）

合理的幸福

于“为”中求好；好即在活动之中。至于活动之成功与失败，则非尽由人力。孔子一生活动不息，欲行其道；而同时又云：“道之将行也与？命也。道之将废也与？命也。”（《论语·宪问》）盖吾人做一事，若欲必其成功，则必须各方面（天然界与人为界）情形皆于此事有利，或至少亦不为重大的妨碍；诸种因缘凑合，然后此事，可几于成。一事之成功，必待多数方面之合作；而此多数方面之合作，又非吾人之力所可致。故吾人做一事，其结果若何，至不可必；若吾人全于结果中求好，则吾人有待于外，而吾人之生活，即不能独立自足矣。故依儒家说，吾人宜只于活动中求好，至活动之成功与失败，则可听诸命运。所以《中庸》云：

君子居易以俟命。

孟子云：

哭死而哀，非为生者也；经德不回，非以干禄也；言语必信，非以正行也：君子行法以俟命而已矣。（《尽心》下）

惟其如此，故“不知命不可以为君子也”（《论语·尧曰》）。

吾人若不抱一功利主义之见解，活动而“不谋其利，不计其功”，则吾人将常不失败；盖吾人将失败成功，一例视之，纵失败亦能不感失望而受失败之苦痛也。因此吾人可免对于将来之忧虑，对于过去之追悔，及现在之愤恨，而吾人因之可得一种合理的幸福。故孔子云：

知者不惑；仁者不忧；勇者不惧。（《论语·子罕》）

君子坦荡荡，小人长戚戚。（《论语·述而》）

饭蔬食饮水，曲肱而枕之；乐亦在其中矣。不义而富且贵，于我如浮云。（《论语·子罕》）

不怨天，不尤人，下学而上达；知我者，其天乎！（《论语·宪问》）

《易》云“乐天知命故不忧”（《系辞》），亦此义也。

（选自《人生哲学》，1926 年 9 月商务印书馆出版）

思考与生活

思与辩

照我们的看法，哲学乃自纯思之观点，对于经验作理智的分析、总括及解释，而又以名言说出之者。哲学有靠人之思与辩。

思与感相对。在西洋很早的时候，希腊哲学家已看清楚思与感之分别，在中国哲学家中，孟子说："心之官则思。"（《孟子·告子》上）他把心与耳目之官相对待。心能思，而耳目则不能思，耳目只能感。孟子说这段话的时候，他说及心，只注重其能思，他说及思，亦只注意于其道德的意义。照我们的看法，思是心之一重要的活动，但心不止能思，心亦能感。不过思与感之对比，就知识方面说，是极重要的。我们的知识之官能可分为两种，即能思者，与能感者。能思者是我们的理智，能感者所谓耳目之官，即其一种。

普通说到思字，总容易联想到所谓胡思乱想之思。我们常有幻想，或所谓昼梦，在其中我们似见有许多事物，连续出现，如在心中演电影然。普通亦以之为思，然非此所谓思。幻想或昼梦，可名为想，不可名为思。思与普通所谓想象亦不同。我们于不见一方的物之时，我们可想象一方的物。但“方”则不可想象，不可感，只可思。反过来说，一方的物，只可为我们所感，所想象，而不可为我们所思。譬如我们见一方的物，我们说：“这是方的。”“这”是这个物，是可感的，是可想象的，但“方”则只可思，而不可感，亦不可想象。在我们普通的言语中，我们亦常说：某某事不可想象，例如我们说：战争所予人之苦痛是不可想象的。这不过是说：战争所予人之苦痛，是我们所从未曾经验过者；凡想象皆根据过去经验，我们对于战争之苦痛，既无经验，所以它对于我们，亦是不可想象的。但我们所从未经验过者，并不一定是不可经验的。而“方”则是不可经验的。可经验者是这个或那个方的物，而不是“方”。

思之活动，为对于经验，作理智的分析、总括及解释。例如我们见一方的物，我们说：“这是方的。”此一命题可有两种解释。一种是普通逻辑中所说对于命题之内涵的解释。照这一种解释，我们说“这是方的”，即是说“这”有“方”之性；或是说“这”是依照“方”之理者。我们刚才所说之“方”即是指“方”之理说。关于“方”之理或其他理，我们以后详说。现只说我们说“这是方的”之时，我们的意思，若是说“这”有方之性，则我们所以能得此命题者，即因我们的思之官能，将“这”加以分析，而见其有许多性，并于其许多性中，特提出其“方”之性，于是我们乃得到“这是方的”之命题，于是我们乃能说“这是方的”。此即所谓作理智的分析。何以谓为理智的分析？因为这种分析，只于思中行之。思是理智的，所以说这种分析，是理智的分析。

“这是方的”之命题之另一种解释，是普通逻辑中所谓对于命题之外延的解释。照这种解释，我们说“这是方的”，即是说“这”是属于方的物之类中。依此解释，则我们所以有此命题，乃我们知有一方的物之类。我们不知在实际中果有方的物若干，但我们可思一方的物之类，将所有方的物，一概包括。我们并可思及一类，其类中并没有实际的分子。此即逻辑中所谓零类或空类。例如我们可思及一绝对地方的物之类。但绝对地方的物，实际中是没有的。我们并可思一类，其中的分子，实际中有否，我们并不知之。例如我们可思及“火星上的人”之类。我们并不知火星上果有人否，但我们可思及此类，如火星上有人，则此类即将其一概包括。此即所谓作理智的总括。何以谓为理智的总括？因为这种总括，亦惟于思中行之。

如此看来，我们的思，分析则细入毫芒，总括则贯通各时各地。程明道的诗“道通天地有形外，思入风云变态中”，可以为我们的思咏了。因我们的思对于经验作理智的分析及总括，我们因之对于真际有一番理智的了解，此即所谓作理智的解释。何以谓为理智的解释？因此解释亦只于思中行之，而且亦只思能领会之。

上文说：哲学之存在，靠人之思与辩。辩是以名言辩论。哲学是说出或写出之道理。此说出或写出即是辩，而所以得到此道理，则由于思。有人谓：哲学所讲者中有些是不可思议，不可言说者。此点我们亦承认之。例如《新理学》第二章中所说之“真元之气”，即绝对的料，即是不可思议，不可言说者。第一章中所说之“大一”，亦是不可思议，不可言说者。但真元之气，大一，并不是哲学，并不是一种学问。真元之气只是真元之气，大一只是大一。主有不可思议，不可言说者，对于不可思议者，仍有思议，对于不可言说者，仍有言说。若无思议言说，则虽对于不可思议，不可言说者，有完全的了解，亦无哲学。不可思议，不可言说者，不是哲学，对于不可思议者之思议，对于不可言说者之言说，方是哲学。佛教之全部哲学，即是对于不可思议者之思议，对于不可言说者之言说。若无此，则即只有佛教而无佛教哲学。

（选自《新理学》，1939 年 5 月商务印书馆出版）

快乐与活动

亚里士多德云：

有人谓好是快乐；但又有人谓快乐是极端的不好。（亚里士多德《伦理学》第十章第一节）

伦理学史中，固有此相反的见解。依亚里士多德之意，快乐是好，不过吾人应注意快乐之质的差别，而不应专注意于其量的差别①。每种快乐，在每时刻中，皆是一整个的，完全齐备，更无所待。亚里士多德云：

① 如读书与打球，其乐不同；此快乐之质的差别。快乐之量的差别，则指其多少强弱，换言之，即其分量之大小。

视之活动，在任何时，皆似是完全齐备；此活动更无需另有所生，以使其完全。在此方面，快乐似与视相似；快乐是整个的；无论何时，不见有快乐，其完全必有待于延长时间者。（亚里士多德《伦理学》第十章第二节）

每一快乐，皆自有特殊性质而且当时完全齐备；所以吾人应注重其质的差别也。

快乐果何由生耶？亚里士多德谓快乐在于无阻的活动之中（亚里士多德《伦理学》第七章第十三节）。又云：

如所思或所感觉之对象，及能思能感觉之主体，皆如其所应该，则活动之进行中，即有快乐……（亚里士多德《伦理学》第十章第四节）

所谓“皆如其所应该”者，即谓在最好的情形之中；一物之最好的情形，即一物所应该之情形也。如一器官，在其最好的、极健康的情形之中，其所向之对象，又亦“如其所应该”，则其活动，即生快乐。“快乐完成活动”，“故亦完成生活；生活者，人欲之目的也”。快乐与生活之互相连结，如此之密，致使吾人不知吾人果系为快乐而欲生活，抑或为生活而欲快乐。“无活动则快乐不可能，而每活动皆有快乐以完成之”。

快乐完成活动，吾人活动有多种，故快乐亦有多种，其性质皆不相同；吾人果应求何种快乐耶？亚里士多德谓，凡有道德者所以为快乐之快乐，乃真快乐，亦即吾人所应求者。此种快乐乃与“人”相宜者，亦即幸福之要素，至高的好。

（选自《人生哲学》，1926 年 9 月商务印书馆出版）

乐观与戒惧

我们对日抗战，到下月7日，已经整整五年。起初世界上的人不一定都了解，这是历史上一件非常伟大的事。即我们本国的人亦不见得都有这种了解。但自欧洲战争发生以来，我们眼见，有许多国家，都不抵抗而亡国。还有号称第一等的强国，抵抗不数十日而即土崩瓦解。于是世界上的人，以及我们自己，才都了解我们的数年血战，确非易事。“不怕不识货，只怕货比货”。世界上识货的人，是很少的。但于货比货之后，虽不识货的人，亦可以看出货的高下。

不过还有些人，以为中国之所以能持久抗战，并不是由于中国的能力大，而是由于日本的能力小。有许多军事观察家，总以为日本陆军，并没有与真正现代化的军队打过仗，所以对于它的真正力量，总是怀疑。但自太平洋战事发生以后，日本在南洋的进展打破了他们这种怀疑。在英美在南洋失败的时候，我们又有长沙会战的大捷。于是世界上的人，才都了解我们的数年的抗战，实是难能可贵。

他们对于中国的力量，才有真正的认识，就是我们对于我们自己的力量，亦才有真正的认识。

别人对于我们的认识，并不算是特别重要。只要我们真有力量，别人迟早总会认识的。特别重要的是，我们对于我们自己的认识。中国与西洋接触，近百年来，国人始则妄自尊大，继则妄自菲薄。四年多的抗战。我们对于我们自己的力量，有真正的认识。清末民初以来，妄自菲薄的殖民地人的心理，才算逐渐廓清。民族自尊心及自信心，才算逐渐恢复。这是这次抗战的最大的收获。

但是人往往如醉汉，"扶得东来又倒西"，人必须有自尊心及自信心，但不可有自满心。自尊、自信与自满，颇相似而实不同。不自暴不自弃，相信"彼人也，我亦人也，有为者亦若是"，这是自尊心。不自暴自弃，相信"有志竟成"，这是自信心。未成而自以为已成，成一成而却不求再成，这是自满心。有自信心是成功的必要条件。有自满心是失败的充足条件。这就是说，有自信心的人做事虽不一定能成功，但自暴自弃的人，根本不打算做什么事，当然亦说不到成功。一个人做事失败，虽不必由于有自满心，但有自满心的人，做事一定要失败。我们经过将及五年的抗战，恢复了民族自尊心、自信心，但同时大部分的人亦不知不觉地有了自满心。"满招损"。这次我军从缅甸撤退，恐怕与"满招损"不无关系。当然我军所以撤退，其他的原因，一定很多。不过其中的一个，恐怕就是“满招损”。

本来这次我国出兵缅甸在中国近代历史中，实是一件很重要的事。旧说：兵是国威。这一句话的意义，我们现在深切了解。军队出国，扬威于国外，是中国近来稀有的事。国人大都以此自满，开往缅甸的军人也都自觉他们所负的历史的使命，也颇以此自满。外国的报纸也都说：中国的军队，都是经过许多战役，富有经验，必能予侵略者以很大的打击。中国的军人亦自觉他们与日本打了将及五年，对于日本常用的战术，知之甚熟，到缅甸足可以应付裕如。

但是世界上的事，往往有这一种情形。那就是：你如开始自以为不能应付裕如，你到后来倒可以应付裕如；你如开始自以为已能应付裕如，你到后来倒是不能应付裕如。因为你开始自以为不能应付裕如，你必谨慎小心，努力以求应付裕如，所以到后来你倒可以应付裕如。但如你开始即自以为已能应付裕如，你必不求应付裕如。你不求应付裕如，所以到后来你倒不能应付裕如了。

这是古圣先贤积许多经验所得的真理。孔子说：“临事而惧，好谋而成。”惧是戒慎恐惧。临事而戒慎恐惧，则必谨慎小心，以求应付裕如，此即所谓“好谋而成”。老子说：“民之从事，常于几成而败之。”因为学到几乎成功的时候，人往往自满自骄，因自满自骄，他即不戒慎恐惧。不戒慎恐惧，可以使他功败垂成，前功尽弃。所以说，“行百里者半九十”。行百里者，最后十里最难走。一则是，他于此时，已将筋疲力尽；一则是他于此时容易自骄自满。如西洋寓言中所说，龟兔竞走，兔于将到目的地的时候，自以为大功将成，睡了一觉，以致龟将它赶过。

中国古书中，充满了“安不忘危，存不忘亡”的遗训，说尽了“居安思危”，“持盈保泰”的方法。有人说：中国民族之所以能持久存在，即是由于能知道这个真理。因为在这一方面，中国哲人，确是讲得特别多、特别详。我们如能记住这些遗训，即使我们抗战、建国统统大功告成，亦还要“安不忘危”。何况现在距安尚差得很远，如现在而即忘危，那真是其愚不可及。

有些对于时局乐观的人，往往似乎以为胜利已定，我们不必努力，即可以回北平、南京。又有些人是败北主义者，自暴自弃，以为无论如何努力，胜利总是无望。乐观的人，只知乐观，而不知恐惧。只知乐观而不知恐惧，则必不能戒慎。败北主义者只知恐惧而没有自信心，则其恐惧只是纯粹的害怕，以致言论行动，都是“长他人的志气，灭自己的威风”，于不知不觉中，成了敌人的“第六纵队”。其实是，时局真相是：如果我们戒慎、恐惧，兢兢业业，努力以求胜利，胜利是可以得到的。戒慎恐惧是我们对于前途乐观的一个条件。惟大家都戒慎恐惧，前途才可以乐观。并不是对于前途乐观，即不必戒慎恐惧。亦不是因为我们恐惧，前途即不可乐观。

现在世界大局，譬如一盘围棋。中国的棋子，占了一大块地方，但与外边气不甚通，自己的活眼，亦尚未十分做成。这一块是必须外边活而始能活的。不过虽是如此，我们这一块，在未被吃以前，对于外边，亦能发生作用。对方是先吃我们这一块，还是先在外边下子呢？这全看他是不是能于几步之中就把我们这一块吃去。如果能如此，他乐得先吃我们这一块，以免我们这一块对于外边发生作用。如不能如此，他必须先在外边下子，以免耽误时机，我们这一块既是靠外边的活而始能活，不妨到以后打劫时再来解决。情形如此，我们现所须戒慎恐惧以致力者，是使对方至少于几步之内不能吃我们这一块。能做到这一点，前途是很可以乐观的。因为他如不能吃我们这一块，我们这一块即可对于外边发生作用，以得最后的胜利。

（选自《三松堂全集·第五卷》中《南渡集》，1970 年 1 月河南人民出版社出版。《南渡集》于 1946 年结集，是冯友兰自九一八事变以来所做短篇论文的选集）

教育与政治

说到教育与政治的分别，我们须先分别人的应该是什么，及人的是什么。就人的应该是什么说，人应该不自私，但就人的是什么说，人都是自私的。就人的应该是什么说，人应该牺牲他自己的利益，以求公众的利益；但就人的是什么说，每个人都是为他自己的利益。

人于其是什么之外还能知有个应该是什么，这是人之所以为"万物之灵"，高于别的动物之处。别的动物是什么就是什么，对于别的动物，没有一个应该是什么。即令有之，它也不能知之。

不过人虽都能知有一个应该是什么，但不是都知，更不是都能照着"应该是什么"去做。大多数的人也都只是"是什么就是什么"，我说这话并没有玩世骂人的意思，我只是报告一件极为明显的事实。

真正的教育的目的，是在于使人知人的应该是什么，并且使人照着“应该是什么”去做，但没有并不能对于任何人都有相同的功效，虽真正的教育也是如此，况且并不是任何人，都受过真正的教育。所以在社会中，大多数人总只是“是什么就是什么”。政治是关于大多数人的事，所以政治上的措施，都需以人的是什么为出发点。“满街都是圣人”，一个教育家可以如此希望，但是一个政治家决不可以此为其政治的措施的前提。一个教育家可以对于人的为善的能力，有高的希望。但一个政治家不可对于人的为善的能力有高的估计。

说不可对于人的为善的能力有过高的估计，并不是说大多数人都是恶人，都特别作恶，只是说大多数人不能特别为善而已。偷抢别人的钱，是特别作恶，但在路旁拾人家遗落的钱，并不是特别作恶，只是不特别为善而已。教育的目的，在于使人都能特别为善，但大多数人，实只能做到不特别为恶。这虽不合乎教育家的希望，但却是政治家所必须承认的事实。

例如现在物价的高涨，固然有其经济的原因，但有些商人囤积居奇，操纵物价，至少也助长或加速物价高涨。这些商人，人们称之为奸商，但照他们自己想，他们并未特别为恶，只是没有特别为善而已。你若告诉一个商人，你这种做法，可以使国家陷于经济的崩溃，使抗战功败垂成，他可以说，别人都这样做，专靠我一个人不这样做，也不行呀。你可以告诉他，你“应该不管别人，先从你自己做起”，假使一说到此，就要希望他特别为善了。在教育上我们可以抱这种希望，但在政治上，我们不可以这种希望替代实际。

有许多事，只能用政治上的措施才能办通，才能有效。例如对于奸商囤积居奇，操纵物价，专靠告诉他们的行为危害大局，专靠请求他们讲道德讲良心，不能使他们改变他们的行为。这并不是说，他们特别是不道德的人，这只是说，他们不是圣贤而已。商人的目的，本来是唯利是图，他运用他的资本，若能赚到一百万的利，他决不以只赚九十九万九千九百九十九元为满足。就人的“是什么”方面说，这是人情之常。以大义责备奸商的人，如果他自己运用他自己的资本，若果他不是圣贤，他大概也不免如此。孟子说：“矢人惟恐不伤人，函人惟恐伤人。”这并不是因为函人的道德比矢人高。这是因为他所做事，是那一种事。

专靠道德劝告，叫商人不要多赚钱，是所谓与虎谋皮。你请求老虎，叫它让与你它的皮，如果老虎不是释迦牟尼佛，有割自己的肉喂鹰的心肠，它不答应你，是丝毫不足为奇的。我并不否认有些人有释迦牟尼的心肠，但这些人只是少数人中的少数人，不能期望于一般人的。

一个小说上常用的两句话说“兵来将挡，水来土掩”，某一种事只能用某一种措施处理。专靠与商人讲道德讲良心，以求他不操纵物价，囤积居奇，是以教育的措施处理非教育方面的事。这是兵来土挡，水来将掩，一定是不能成功的。

凡是关系多数人的事都需一种强制的政治力量，才能推行。例如政府办的征兵征粮，都是用强制的政治力量推行的。如果政府只需要少数的兵，可以用志愿投效的方法招募，如果政府只需要少数的粮，可以靠有些人的“乐输”。但如果需要兵或粮不是少数，就非用强制的方法不可了。这不止在中国是如此，在任何国家都是如此。英美原来是只用志愿兵的，但现在也用征兵了。好逸恶劳，贪生怕死，就人的是什么方面说，是人之常情。你可以说，人不应该如此。但是能照着应该行的，本来只是少数人。无论何时何地，无不如此。

韩非子说：“圣人之治，不恃人之为吾善也，而用其不得为非也。恃人之为吾善也，境内不什数。用人不得为非，一国可使齐。”能征兵则可以不靠志愿兵，能征粮则可以不靠“乐输”。志愿从军，乐输的人，一定也有。但专靠志愿兵、专靠乐输均不能“一国可使齐”。

恃人之为善，是就人的应该是什么着想，这是教育的希望。用人之不得为非，是就人的是什么着想，这是政治的实际。用教育的希望，去对付政治的实际，是一定不能成功的。

在我们这次大战中，牺牲最大的是农民。征兵也是征他们的子弟，征粮也是征他们的粮食。牺牲较小的是知识分子，他们可以免役缓役。除了志愿从军的一部分人外，知识分子，可以说是没有什么牺牲。不过他们多半是公教人员。物价的高涨，就是他们的生活标准的降低。就这一方面说，他们也不无牺牲，虽然与农民比较起来，他们的牺牲还是较小的。除此之外，还有不但不牺牲，而且浑水摸鱼，大发其财的。所谓奸商，是其中之一类。这种不平的情形，如果继续下去，恐怕有一天会使牺牲的人都问：我们为什么牺牲我们的生命财产，叫别人发财？如果有这一天，那就是国家的最严重的关头了。

改正这种情形，并不是没有办法。例如美英国家征收商人的利得税，可以至百分之九十五以上。商人的过分利得不过是替国家尽了些收钱的义务。商人本来都是图利的。你要想不叫他图利，最好的办法，不是叫他激发天良，而是叫他无利可图。

如此一类的措施，都是着眼在人的是什么。如此着眼，并无损于人类的尊严。因为承认大多数人不是圣贤，并无损于人类的尊严。

（选自《三松堂全集·第五卷》中《南渡集》，1970 年 1 月河南人民出版社出版。《南渡集》于 1946 年结集，是冯友兰自九一八事变以来所做短篇论文的选集）

“无所为而为”与“有所为而为”

近来国内一般人盛提倡所谓“无所为而为”，而排斥所谓“有所为而为”。用上所说之术语言之：“有所为而为”，即是以“所为”为内有的好，以“为”为手段的好；“无所为而为”，即是纯以“为”为内有的好。按说“为”之自身，本是一种内有的好。若非如老僧入定，人本来不能真正无为。人终是动物，终是要动的。所以监禁成一种刑罚，闲人常要“消闲”，常要游戏。游戏即是纯以“为”为内有的好者。

人事非常复杂，其中固有一部分只可认为有手段的好者；然亦有许多，于为之之际，可于“为”中得好。如此等事，我们即可以游戏的态度做之。所谓以游戏的态度做之者，即以“为”为内有的好，而不以之为手段的好。我们虽不能完全如所谓神仙之“游戏人间”，然亦应多少有其意味。

不过所谓以游戏的态度做事者，非随便之谓。游戏亦有随便与认真之分，而认真游戏每较随便游戏为更有趣味，为更能得到“为之好”。国棋不愿与臭棋下，正因下时不能用心，不能认真故耳。以认真游戏的态度做事，亦非做事无目的、无计划之谓。成人之游戏，如下棋、赛球、打猎之类，固有目的、有计划；即烂漫天真的小孩之游戏，如捉迷藏之类，亦何尝无目的，无计划？无目的，无计划之“为”，如纯粹冲动及反射运动，虽“行乎其所不得不行，止乎其所不得不止”。然以其无意识之故，于其中反不能得“为之好”。计划即实际活动之尚未有身体的表现者，亦即“为”之一部分；目的则是“为”之意义。有目的计划，则“为”之内容，方愈丰富。

依此所说，则欲“无所为而为”，正不必专依情感或直觉，而排斥理智。有纯粹理智之活动，如学术上的研究之类，多以“为”为内有的好；而情感之发，如恼怒忿恨之类，其态度全然倾注于对象，正与纯粹理智之态度相反。亚里士多德以为人之幸福，在于其官能之自由活动，而以思考——纯粹的理智活动——为最完善的，最高的活动（见所著《伦理学》）。其说亦至少有一部分之真理。功利主义固重理智，然以斥功利主义之故，而必亦斥理智，则未见其对。功利主义必有所为而为，其弊在完全以“为”为得“所为”之手段。今此所说，谓当以“所为”为“为”之意义。换言之：彼以“为”为手段的好，以“所为”为内有的好；此则以“为”为内有的好，而以“所为”为使此内有的好内容丰富之意义。彼以理智的计划为实际的行为之手段，而此则以理智的计划，及实际的行为，同为一“为”，而丰富其内容。所以依功利主义，人之生活，多干燥——庄子所谓“其道太觳”——而重心偏倚在外。依此所说，则人生之生活，丰富有味，其重心稳定在内（所谓重心在内在外，用梁漱溟先生语）。

不过欲使人人皆持此态度，则颇非易事。“今也制民之产，仰不足以事父母，俯不足以畜妻子，乐岁终身苦，凶年不免于死亡。此惟救死而恐弗赡”，奚暇以游戏的态度做事哉？一个跑得汗流浃背、气喘吁吁的人力车夫，很难能以他的“为”为内有的好；非其人生观不对，乃是势使之然。我希望现之离开物质生活专谈所谓“精神生活”者，于此留意。

（选自《一种人生观》，1924 年 10 月商务印书馆出版）

意志自由问题

孟子云:“鱼，我所欲也；熊掌，亦我所欲也；二者不可得兼，舍鱼而取熊掌者也。生，亦我所欲也；义，亦我所欲也；二者不可得兼，舍生而取义者也。”(《孟子·告子》上)吾人之欲，甚为复杂；势不能尽皆实现。故诸欲于互相冲突，即诸所欲“不可得兼”之时，必有斗争，其结果欲之强者得实现，其弱者则被压制。此等情形，乃吾人所日常经验者也。

在诸欲冲突之际，吾人有时觉理智能有选择取舍之力。在无关重要之事例中，如食鱼或熊掌，吾人常即听习惯之自然，或任较强的欲之实现。但在较重要的事例中，则吾人必用理智以推测计算，如本书所说功利派所说者；于此时则艰前较强之欲，亦往往有被压者。此等情形虽亦为吾人所常经验，然吾人须知理智虽能推测计算，然不能制欲，故亦无选择取舍之力也。譬如一人，现有一甚强之欲，亟求实现，现有他欲，皆不足以制之；如于此时依理智之推测计算，此人知此甚强之欲如实现，则将来必有极坏的结果；于是此人遂因畏将来之结果而抑制现在甚强之欲。抑制现在甚强之欲者，非理智之力，乃欲避免将来不好结果之欲之力也。理智但能推测计算而无实行之力。理智无力；欲无眼。

有哲学家以为吾人于欲外又有意志。意志与欲有别，超乎欲之上而常制御之。诸欲有冲突，则意志出而选择之以决定吾人行为之方向。依吾人之见，则意志实即欲之成为系统者，非与欲有种类的差别也。常有一欲或数欲，以其自己为中心，与其类似的欲，联络和合，成为系统，以为吾人人格之中心。所谓“立”某种“志”，实即某种欲之立系统耳。系统既立，以后随时发生之欲，其与“志”合者，当然得其助而得实现；其与“志”不合者，当然不得其助而且受压抑。所谓意志有选择诸欲之力者，即此而已。

此欲之系统，所包之欲愈多，则其所得之和愈大，其所遇之冲突愈少，吾人之人格亦愈统一，行动亦愈自由。即所绝不能包之欲，此系统亦能“相机剿抚”，久之习惯养成，则即无有与意志冲突之欲矣。孔子云：“吾十有五，而志于学……七十而从心，所欲不逾矩。”（《论语·为政》）皇侃《疏》云：“年至七十，习与性成，犹蓬生麻中，不扶自直，故虽复放纵心意而不逾越于法度也。”盖初为人格中心之意志，至此已融包人格之全体，故更无与意志相冲突之欲。若果有所谓意志自由，此则是也。

至于吾辈普通人之心境，则常为诸欲争斗之战场。往往诸欲互作，不知所从。一欲方在实现，他欲则牵掣之。一欲已经实现，他欲则责备之。此等冲突悔恨，乃吾人所日常经验。在此等情形之中，吾人乃饱尝意志不自由之苦矣。

问：历史中所说桀纣之流，其暴虐亦“习与性成”，其为其人格中心之欲之系统，亦融包其人格之全体，亦无与其意志相冲突之欲。如所谓意志自由，乃如上所解释，则桀纣当亦有完全的意志自由矣。答：是固然也。吾人既以意志为欲之系统而不视之为与欲有种类的不同，则意志在道德上当然亦可是善，亦可是恶。善之势力可自由，恶之势力亦何不可自由耶？意志与自由，就其本身而言，皆非是恶；犹之诸欲，就其本身而言，皆非是恶也。惟此人之意志与他人之意志，此人之自由与彼人之自由，有所冲突，然后方引入道德的判断，而始有善恶是非之可言。桀纣之意志之所以为恶，乃因其与多数人之意志相冲突，非因其不自由也。

以上谓吾人之意志，即为吾人人格中心之欲之系统；如能行所欲行，不受别欲之阻碍，则即可谓自由，否则可谓不自由。但吾人之意志，果因何而欲其所欲耶？哲学中有所谓意志自由问题者，即吾人之意志是否止是能决定而非所决定之问题。意志决定吾人之行为，就此方面言，意志是主动者，但意志之所以如此决定者，是否亦受别种影响而为被动耶？所谓自由论以为意志只是主动而非被动；所谓决定论则持相反的见解。依吾人之见，人是宇宙间之物，人生是宇宙间之事。宇宙间诸事物，当然互相决定，互相影响，如所谓“英雄造时势，时势造英雄”者。若由此方面说，吾人之意志，当然一方面有所决定，一方面亦为他事物所决定。非惟吾人之意志如此，一切事物皆然也。所以斯宾诺莎说，一切有限的事物皆为他有限的事物所决定而不自由，惟上帝不受决定而独自由。然上帝之所为，亦皆因其本性之必然，非是随意而为（斯宾诺莎《伦理学》命题第十七注），故即谓上帝为不自由可也。

但普通所谓自由，及吾人所喜好者，实即本书所说之自由。吾人能得到此种自由，即已可矣。若必须离开吾人之历史、环境，甚至吾人之本性，而有所作为，然后方可为自由，则此等自由，固亦上帝所不能有者也。

（选自《人生哲学》，1926 年 9 月商务印书馆出版）

读书与做人

青年的修养问题

今天讲的题目是“青年的修养问题”。

在表面上看，在这国势垂危的时候，来讲这个迂阔的问题，仿佛不大合适似的；其实，这个问题是一点也不迂阔。因为我们知道：一个国家的前途，以及一个民族的前途，其复兴的重任，都是担当在青年的身上。如果每一个青年，将来都能成为一个有用的人，一个有作为的人，那么，国家的前途，一定是很有希望的。反过来说：如果所有的青年将来都不能成为有用的人，有作为的人，那么，就是现在的国家能够马虎地过下去，到将来也非糟不可。所以这问题不但不迂阔，并且还很重要。

关于“青年的修养问题”，我们现在可以分做五点来讲：

第一，要感觉责任：在从前，中国的旧说法，说每一个人都有两种责任，一种是对于家庭的，一种是对国家的。这也就是一般人所讲的忠，孝二字。忠是对于国家，而孝是对于家庭。如果一个人对于忠，孝二字有亏，那么，其他的方面，也就不堪闻问了。不过，这是从前的说法，现在已经不同了。在现在的社会里，一般人对于家庭的责任，似乎是减轻了一点，但这并不是像普通人所说的是什么人心古不古的问题。而实在因为现在的社会制度，和从前的社会制度，已经完全不同。譬如：在从前，一个人做了官，不但全家可以享福，而且三代都受诰封。可是一个人犯了罪，全家也都随着同受惩罚。因此，在从前的社会制度下面，一般人对于家庭所负的责任是很重的。可是现在不同，现在是一人做事一人担当，和家庭没有关系，因而对于家庭所负的责任，也就比较减轻了。

并且在从前，有许多人都只能算做家里的人，而不能算做社会的人。譬如：在从前的社会制度下面，妇女与儿童，都只能算做家里的人，而不能算做社会的人。换句话说：就是对于社会不负什么责任。可是现在不同了，妇女和儿童，不能再看做是家里的人，而也同样的是社会的人。这样，对于家庭所负的责任，虽然比较减轻，可是对于社会所负的责任，就要加重了。

要知道：社会越是进步，一切越是社会化。越是社会化，人也越是不能离开社会，譬如：在乡下，喝水是自己去挑，吃饭是自己去做，每一个家庭，就是一个经济单位。只管自己，而可以不去管旁人。可是在城市里就不同了，吃水是由自来水公司供给，吃饭是由麦粉公司供给。如果自来水公司和麦粉公司，一旦发生变化，那么，一般人的饮食，立刻就要发生问题。这就是因为城市的社会进步，已经成为社会化，而大家也不能离开社会了。越是不能离开社会，对于社会所负的责任，也越是要重。同时，社会越进步，社会上应做的事越多，而需要的人才也越多。我们既然不能离开社会，而去索居，那么，对于社会，就应该负起责任来。

第二，要立定志向：每一个人都应该立定一个志向，要做一个大人物。这里所说的大人物，并不是一定非做主席不可。无论做一个什么角色都是没关系的，只要所做的事，对于社会有益就成。譬如唱戏，每出戏里都有一个主角，可是主角的地位，并不一定就重要。戏里的皇帝、王后，往往都是配角。在历史上，每一件事都有一个主角，但那主角并不一定都是皇帝。所以我们应该去做对社会有益的事；只要对社会有益，那么，什么事都可以去做，不必非要做什么主席不可。

在从前，中国的旧说法，说做人有三不朽：一是立德，二是立功，三是立言。在这三不朽中，立德是最要紧，而且也是每一个人都可以做到的。至于立功，立言，都不是任何人都可以做到的，必须要看自己的才学和所遇的机会如何而定。立德既是每一个人都可以做到的，那么，究竟应该怎样去做呢？说起来也很简单，就是无论做什么事，都要做得极好，而这事对于社会确实有益，那就是达到了立德的地步。

第三，要注重兴趣：有许多青年，因为不知道将来应该做些什么事，常常去问人家。其实，这是没用的。要想知道将来应该做些什么事，必须先问一问自己的兴趣，是在什么地方。我们可以这样说：一个人如果对于某一件事感到兴趣，那么那件事和他的性情一定是很相近的。

我们如果想把一件事做到极好的地步，必须要靠两种东西：一种是才，一种是学。才是天生的根的，就是一般人所说的天才；学是后来加上去的努力。这两种东西合起来，才能做到极好的地步。如果一个人没有才，仅仅去学，结果也不能做到极好的地步。无论文学家，科学家，艺术家，发明家等，所以能够成功的原因，除去是有过人的天才以外，还要靠努力的学。

说到这里，有人听了也许要觉得灰心。以为旁人能有天才，自己没有天才，一定不会把事做好的。其实，这也不尽然。要知道：每一个人都有他的才，不过，这个才，大家都不一样罢了。在从前科举时代，是不问你的才是在哪一方面，必须一律埋首在八股文里，如果有人的才，不是在这一方面，那就只有吃亏了。可是现在不同了，社会一天比一天的进步，各方面都需要人才。无论你才是在哪一方面，都可以使它尽量的发展。

也许有人不知道自己的才是在哪一方面，其实，这不必自己去解决，天然已经替你解决了。你的兴趣在哪一方面，你的才就在那一方面。譬如：猫捕鼠，这是一种才。但是猫并没有人家告诉它去捕鼠，而它自己看见老鼠就会发生兴趣，所以一捕就会捕到。可见我们在哪一方面有兴趣，就是在哪一方面有才。如果在我们感到兴趣的这一方面努力做去，那么，一定可以成功的。

不过，这里也应该有一个限制。譬如有人说：我的兴趣是在看电影；那么，就应该每天去看电影。这是不对的。因为，看电影只是个人的一种享受，对于社会并没有尽了什么责任。又譬如：大家对于吃饭，都很感兴趣，如果只是吃饭，而不做事，那岂不成了饭桶了吗？我们是说：应该做些对于社会有益的事。譬如：看电影和做电影，就不相同。如果有人对于做电影感觉兴趣，那么，就无妨去做电影。因为所做的电影，如果不是诲淫诲盗，对于社会，多少也是有益的。

对于社会有益的事，说起来也很多。无论是在政治，经济，学术，工业，商业，哪一方面，都需要人才。可见社会上，给予我们发展天才的机会是很多的。如果我们对于政治感觉兴趣，那么，就可以在政治上工作，但并不一定要做大官。最怕的一点，就是虚荣心。譬如：有的人兴趣，本来是在教育。可是因为觉得办教育不能出风头，而且是最清苦的一件事，为了虚荣心所驱使，于是就改做了旁的事，结果一定也做不好。

第四，要忘记成败：我们无论做什么事，如果把成败看得太真，就要感到许多痛苦。譬如：比赛足球，胜利了就愉快，失败了就不高兴，把胜败看得太真，就没有意思了。我们在一生中，所想做的事不一定都能成功，而尤其是新兴的事业，那更没有把握了。因为凡是一种新兴的事业，在初做的时候，都是一种试验的性质，试验不一定会成功的，而失败的成分，要占最多。譬如：飞机的发明，在起初，不知要失败了多少次，牺牲了多少人，到后来才成功。但第一个制作者，如果因为失败而灰心，后来的人也随着灰心下去，自然也不会有今日的成功。所以我们无论做什么事，遇到失败，千万不要灰心，仍然要继续做下去。

一件事的失败，是就个人的观点说的。如果就社会的观点说：大部分的事，是无所谓失败的。譬如：第一个制作飞机的人，在个人观点上说，固是失败了，但在社会的观点说，并没有失败，失败就是成功。

我们无论做什么事，一方面应该忘记成败，但一方面也不要希望太切，往往天才越高的人，希望成功的心也越切。一旦不成功，就垂头丧气，什么也不想做了。在历史上，这种代表人物，是汉朝的贾谊，他的年纪本来很轻，见到汉文帝，立刻就要做宰相，没给他宰相做，于是就灰了心，过了几年竟死去了。贾谊虽然很有才学，但是缺少修养，所以也是不成的。

第五，要锻炼体格：有许多人对于中国的前途，都抱悲观，但我却一点也不悲观。因为中国人除去体格不如人家以外，其余聪明，才力和哪一国都可以比得上。在中国，一个人活到六十岁，实际上就没有多大用了。往往有许多很有才学的人，却又不幸短命死去。一个人的死去，就个人的观点说：本来没有多大关系，但就社会的观点说：就很重要了。

一个人仅仅只有才学是不成的，而还须大家都承认他的才学，这就是一般人所说的资望。一个人要有才有学，是要经过相当的时间，而大家都承认他的才学，又要经过相当的时间，合起来，至少就是四五十年的工夫。可是中国人到了这个年纪，却又多半就死去了。我们看：他国的大政治家，最活跃的时期，多年是在六十岁左右，因为这时才学已经到了最完全的地步，而办事的经验，也相当丰富了。可是中国人到这个年纪，为什么就要死去呢？无疑的，最大的一个原故，就是因为体格的衰弱。

总而言之，我们生为现代的人，一方面要有文明人的知识，而他一方面还要有野蛮人的身体，然后才能担当社会的大事。因为仅有文明人的知识，没有野蛮人的身体，遇到事情，是没有力量应付的。仅有野蛮人的身体，而没有文明人的知识，遇到事情，是没有方法解决的。希望大家在这一点上，能够特别努力才好。

（选自《三松堂全集·第十四卷》中《教育文集》，1970 年 1 月河南人民出版社出版）

教青年认识祖国

各学校又快要放暑假了。用什么方法，可以使各学校的学生，在暑假中，能得到一种教育，一种在学校课堂上，实验室中，所得不到的教育？

我们现在太注重有形的教育了。例如教学生读书，做实验，听讲等，都是所谓有形的教育。有形的教育，固然是不可少的，但所谓教育者，却并不只限于此。另外有一种所谓无形的教育。这种教育，并不靠学生读书、听讲，而只用另外一种方法，使学生潜移默化，改过迁善，而不自知。大概关于知识方面的教育是非用有形的教育不可的；至于关于道德方面的教育，若专靠有形的教育，恐怕是不能有什么功效的。“声色之化民末也。”这是一句老话，但却是一个真理。严格说起来，我们不能只“教”人，使他成为道德的；我们还要“化”人，使他成为道德的。青年学生，平日在学校所受的教育，大部分是有形的教育，在暑假中间我们应该与他们以机会，教他们受一点他们平日在学校里所不能受的无形教育。

爱国是一种道德。要想教一个人能爱国，不但需要教他知道他应该爱国，而且需使他有爱国的性格。教人知道他应该爱国，这是可以用有形的教育方法作的。我们可教他记住许多关于爱国的格言，可以给他讲许多关于爱国的故事。但专靠这些，是否能使他有爱国的性格，很是一个问题。性格是要“养”成的。在历史上，我们看见有许多把四书五经读得翻滚烂熟的人，到后来成了乱臣贼子。就他们的知识说，他们何尝不知他们应该做忠臣孝子？不过他们只有那个知识，而没有忠臣孝子的性格，所以一到了紧要关头，他们即作出他们也知道他们所不应该做的事情。

我们要想教我们的青年爱国，最好的方法，是把他们的国之可爱的地方，直放在他们的眼前，教他们的眼，真看见他们的国之可爱。现在的中国人，对于中国的知识，实在是太少了。他可以到过纽约、伦敦，而没有到过南京、北平。他可以到过罗马、雅典，而没有到过西安、洛阳。他可以游过欧美的名山，而没有上过泰华。在这种情形之下，我们怎么能教他不说，外国什么东西，都比中国好？我们怎么能教他，对于中国，能自他的忠诚，油然而发出一种爱护之心，而不能自已？

从这些地方着眼，我想，我们政府，应该于各学校放暑假的时候，调集许多列车，让各地方的学生，坐着往各地方去看。能够完全免费最好，即不能完全免费，也只收一种名义上的票价。并且派各项专家领导他们，将所见到的东西，临时讲解给他们听。让他们到河南、陕西，教他们想象商、周、汉、唐之盛。让他们到山东，看看孔子、孟子的故乡。让他们到长江以南各地，看看政府现在的建设。到一个地方，看到令人兴起的事情，让他们随便歌，让他们随便哭。

本来有些学校对于毕业班的学生，有所谓毕业旅行津贴。但是有许多人想着，所谓的毕业旅行者，不过让学生到各地玩玩而已。学校不能拿钱让他们玩，于是有许多学校，奉了上面的命令，把这些津贴，都裁撤了。作这种看法者，实在太不知道无形教育的重要。还有人以为，到各处参观旅行，虽于学生有益，但这种益处，应该由学生自己拿钱去买，不应该由官家免费给与。这种看法，是完全把学生看成他的父亲的儿子，而不知学生不但是他的父亲的儿子，而又是国家的国民。他是国家的国民，国家是应该教育他的。从前我们说，朝廷养士，现在国家应该养士。

我们若能够使多数的青年学生，都到过秦皇、汉武的陵寝一次，对于青年精神上的效力，要胜过派许多民族扫墓专使。我们若能够使多数的青年，都到过孔子的故乡去一次，对于青年精神上的效力，要胜过举行多少次的丁祭。我们若能够使多数的青年，都实际见到政府建设的努力与成绩，对于青年精神上的效力，要胜过许多宣传部的宣传。

关于上面所说的后一点，我们有事实为证。我们大家都承认，现在的教育界，比去年平稳的多了。自从本年春季各学校开学以来，我们再不听见有所谓学潮。在各学校里，我们也不见学生中间有所谓左右派之争。我们只看见各学校都在按部就班地上课，我们只看见各学生都在循规蹈矩地用功。若拿本年春季各学校的状况，与去年秋季冬季比较起来，几乎有所谓天渊的差别。从各学校的状况看起来，自从民国二十六年（1937 年）开始，我们几乎入了一个新世界。我们何以能有像这样的很好的情形呢？主要的原因可以说是，由于现在的青年，对于政府的对内对外的努力与成绩，渐渐认识了。事实胜于雄辩，有事实上的成绩，摆在面前，其感人的力量，胜过不知多少的言语文字上的宣传。现在教育界的情形，即是一个具体的证明。若是我们能够用上面所说的方法，使现在政府所有建设的努力与成绩，更能表现出来，则对于青年一定有更好的影响。

平绥铁路，近二三年来，在春假的时候，有西北考察团的组织。参加的人，自北平到绥远包头，共用五六日的时间。在这五六日的时间内，所有来往车票以及食宿、导游等费统共只收二十元。今年又加上到百灵庙。因为价钱便宜，去的人很多。在一方面说，路局作这种贴本生意很不合算，但自国防及教育方面看，这种办法是有极大的意义的。我们希望政府及各路局对于这一类的办法，予以极大的注意。

（选自《三松堂全集·第十四卷》中《教育文集》，1970 年 1 月河南人民出版社出版）

论天真活泼

有一位青年给我的信上说："每当我读《新世训》的时候，我就觉得自己成了三十以上的人了。年轻人喜欢读比较刺激一点的书，但他却不问那书到底对不对。我也是青年人，我觉得《新世训》一书很容易使一个青年老大，很容易失掉天真活泼的情怀。这点对不对，我想先生能给我们一个满意的解答。"

此所谓使青年老大，就是说，使青年失掉天真活泼的情怀。所以为讨论这个问题，我们须先问什么是天真活泼。我们说一个人天真，可以是说一个人浑沌，易于冲动，亦可以是说一个人真率纯洁。我们说一个人活泼，可以是说一个人举动随便，容易轻举妄动，也可以是说一个人有朝气，有精神，自强不息。若所谓天真是浑沌的意思，若所谓活泼是举动随便，轻举妄动的意思，读了《新世训》的人，若失掉了天真活泼，我认为这是《新世训》的很大的成就。若所谓天真是真率纯洁的意思，若所谓活泼是有朝气，有精神，自强不息的意思，则读了《新世训》的人，决不会失掉天真活泼。因为真率纯洁，有朝气，有精神，自强不息，正是《新世训》所赞美提倡的。不过它所用的话没有什么刺激性而已。天真活泼本是两个好名词。但很有许多人，误以浑沌易于冲动为天真，误以举动随便轻举妄动为活泼。我承认浑沌，易于冲动，举动随便，轻举妄动，是青年所常有的特点，但这是青年的缺陷，正是青年所应该改正的。若以为这些不是缺陷，是天真活泼，应该保持勿失，这是很危险的。《新世训·尊理性》，正是要人破除浑沌，不为冲动所支配，教人不可举动随便，轻举妄动。《新世训》所希望人得到的，是真正的天真活泼。

就天真是真率纯洁说，《新世训》提倡"无所为而为的人生"。在《为无为》章，《新世训》说："一个人一生中所做的事，大概可以分为两部分。一部分是他所愿意做者，一部分是他所应该做者。合乎他的兴趣者，是他所愿意做者。由于他的义务者，是他所应该做者。道家讲无所为而为，是就一个人所愿意做的事说，儒家讲无所为而为，是就一个人所应该做的事说。"所谓"无所为"，就是不计较个人的成败祸福。一个人不计较他个人的成败祸福，而做他所愿做的事，所谓真率，莫过于此。一个人不计较他个人的成败祸福，而做他所应该做的事，所谓纯洁，莫过于此。《新世训》赞美提倡这种人生，并且说，有这种人生的人，心境真率空阔无沾滞，所谓胸怀洒落者，即是指此种心境说。有这种生活的人，做事是一往直前，心境是空阔无沾滞，所谓天真，宜无过于此。

《新世训·论诚敬》章中说，敬是一个人的“精神总动员”。又说：“我们现在常听说，人必须有朝气。所谓有朝气的人，是提起精神奋发有为的人。若提不起精神，萎靡不振的人，谓之有暮气。我们可以说，能敬的人，自然有朝气。而怠惰的人，都是有暮气。”又说：“敬对人的做事效率及成功，有与现在普通所谓奋斗努力等，有同样的功用。”《新世训》所提倡的是蓬蓬勃勃作为有效率的人生，所谓活泼，宜无过于此。

总之，《新世训》所提倡的，是真率纯洁而不浑沌的人生，是有朝气，有精神，自强不息，而不轻举妄动的人生，是真正的天真活泼的人生。

有些人说：这种人生是不可能的。一个人所以真率纯洁，就是因为他有一股浑劲，一个人所以有朝气，有精神，就是因为他喜欢轻举妄动。等到他的浑劲没有的时候，他也就工于计算，一切举动，都是有所为而为，也就失去他的天真纯洁了。他若不喜轻举妄动，他也就没有朝气，没有精神了。

对于这种说法，我们说：若果顺着一个人的自然发展，不加学力工夫，大概是如此的。上文所说：真率纯洁而不浑沌的人生，有朝气，有精神，自强不息，而不轻举妄动的人生，并不是自然的礼物，而是精神的创造。这就是说，这是从学力工夫产生出来的。学力工夫也不是违反自然的，也不是矫揉人性，造作成一种样子。学力工夫的功用，在于辅助自然的发展，补其偏而救其弊。这也就是所谓教育的功用。

不靠学力工夫，而自然有的纯洁率真，是与浑沌相连带的。不靠学力而自然有的有朝气，有精神，是与喜欢轻举妄动相连带的。因其是相连带的，所以严格地说，这种真率纯洁，不一定是真正的真率纯洁。这种自强不息，不一定是真正的自强不息。这种真率纯洁及自强不息，亦是不可持久的。中国常语谓“初生之犊不畏虎”。它不畏虎，是因为它不知老虎会吃它。严格地说，它并不是勇敢，只是不知害怕而已。它不畏虎，是因为它不知害怕，所以到它知道害怕的时候，它也就畏虎了。它的不畏虎是不能持久的。

所以我们不能靠与浑沌有连带的真率纯洁，而要用工夫学力，造出真正的真率纯洁。不能靠与喜欢轻举妄动有关系的自强不息，而要用工夫学力，造出真正的自强不息。这是真正的，亦是可以持久的。

说到刺激性的问题，我以为凡是关于人的行为的事，我们不应该用有刺激性的话，刺动他的感情，使他有类似于冲动或盲动的行动。如果如此，那就是以别人为工具，以达到自己的一种目的。这种办法，在政治社会方面，或者不容易完全避免，但在教育方面，这是应该完全避免，而且是可以完全避免的。

我们说，在政治社会方面，不容易完全避免，并不是说完全不能避免。有人说，民主政治的根本精神，就是把人当成人，不把人当成工具。在行民主政治的国家里，我们不能说，没有人靠刺激人的感情，以求政治上的成功。但与纳粹法西斯国家比较起来，情形是有不同。我们只须把罗斯福、丘吉尔的演说词，与希特勒的演说词比较观之，便可见其不同。希特勒的演说词，大概含有刺激性的话最多。据说，他演说的时候，也是乱走乱跳，大叫大哭。罗斯福、丘吉尔的讲演，大部分是报告事实，固然也不能说完全没有刺激性的话，但与希特勒的演说，是有性质上的不同。这也可以说是小节，但于这小节上，反映出民主政治与纳粹法西斯政治的一个根本的差异。

民主的教育，是要教育出来独立自主的人。每一个人遇事都有他自己的判断。他不为别人的工具，也不以别人为工具。他遇事只管对不对，不管刺激不刺激。这是教育的理想，也是所谓学力工夫的功用。

（选自《三松堂全集·第五卷》中《南渡集》，1970 年 1 月河南人民出版社出版。《南渡集》于 1946 年结集，是冯友兰自九一八事变以来所做短篇论文的选集）

论大学教育

清华大学自治会举办教育系统演讲。“论大学教育”的讲员是清华文学院长哲学教授冯友兰先生。所记未经冯先生过目，如有错误概由记者负责。

记者冀新识

就常理说，大学的性质是什么呢？大学不是教育部高等教育司的一科。现在政府的人站在官场上，常常说大学是属于教育部高等教育司的，实在不合理。大学不仅只是一个比高中高一级的学校，它有两重作用：一方面它是教育机关，一方面它又是研究机关；教育的任务是传授人类已有的知识，研究的任务则在求新知识——当然研究也需要先传授已有的知识。所以，一个大学可以说是一个知识的宝库。它对人类社会所负的任务用一句老话说就是“继往开来”。古人常说“一物不知，儒者之耻”。但是现在已经不是这样，学问已专门了，所谓专门是对某种学问的一点特别精通；事实上对于各种学问都专门的人恐怕没有，也没有人这样想，如果有，那个人一定是精神有问题。但是这句话可以改为“一事不知，大学之耻”。一个大学对它所在的那个时代所有的知识，都应该有人知道。从前常说三家村有一位教书先生，他就是那一村的知识顾问，凡是那一村的人在知识上有了问题都请问他，看他怎么说。现在一个大学站在世界或国家的立场，也是一个知识顾问，也可说是专家集团。国家社会在知识上的问题，都可以找它来解决，如同找三家村的先生一样。战前中山大学才成立的时候，派人来平买书，琉璃厂书铺的人问他要什么书，他回答说“只要是书就要”。这话很有道理，一个大学什么书都应当有，不管它是哪一方面的。因为这种性质，所以一个大学不能是教育部高等教育司的一科。严格说，一个大学应该是独立的，不受任何干涉。现在世界的学问越进步，分工越精细，对于任何一种学问，只有研究那一种学问的人有发言权，别人实在说来不能对专门知识发言，因为他没有资格。每一部分的专家如何去研究？研究什么？他不能叫别人了解，也不必叫别人了解；他们研究的成绩的好坏，只有他们的同行可以了解，可以批评，别人不能干涉。所以国家应该给他们研究的自由。因此，一个大学也可说是独立的，“自行继续”的团体。所谓“自行”就是一个大学内部的新陈代谢，应该由它自己决定、支配，也就是由它自己谈论、批评，别人不能管。所以说大学不仅只是一个比高中高一级的学校。

大学不是职业学校，不只在训练职业人才。职业学校训练出来的人，按理说一定有事情做——现在的社会一切都是乱的，自然不同。而大学就不同，它训练出来的人自然有些是做事的，而大多数是没有事情可做。望文生义，我们可以知道工学院毕业的人干工业，政治系毕业的人干政治，然而学哲学的干什么呢？世界上有各种职业学校，就是没有“哲学职业学校”！所以大学不同于职业学校。人类所有的知识学问对于人生的作用，有的很容易看出来，有的短时间甚至永远看不出来。就世俗说有些学问是有用的，有些学问就没用；可是一个大学就应该特别着重这些学问，因为有用的学问已有职业学校及工厂去做了。“红”的、有出路的学问大学应该研究；而“冷僻”的、没有出路的学问，大学更应该研究。它所研究的不应问对“吃饭”“穿衣”有什么用处，因为人类不只是吃饭、穿衣就够了。

大学不是宣传机关，它不在宣传哪一种政治上的主义以及作用。方才说过大学是专家集团，当然对于任何政治理论都讲，但不是宣传哪一种主义，只要它能成为一种学问，一种知识，就可以研究它。

上面已经说过，大学既是教育机关，又是研究机关。但是它所教育出来的人是什么样呢？简单说来，它所训练出来的人也有特殊机能。但只有特殊机能还是不够；所谓“特殊机能”就是“器”，如茶杯可盛水，凳子可坐；人如只有机能也就是一个“器”。职业学校的毕业生就是器，或者说他是大器，但无论如何大总是一个器。孔子说“君子不器”，现在可以说人不只是一个器。此处所谓“人”是合乎理想的人，不只是一个肉体的人。它不同于器，器是一种工具，别人可以利用它达到某种目的。一个人不是工具，除了有专门才能贡献人类外，他还是一个“人”；“人”是什么？如何成为一个“人”？所谓“人”，就是对于世界社会有他自己的认识、看法，对已往及现在所有有价值的东西——文学、美术、音乐等都能欣赏，具备这些条件者就是一个“人”。所以大学教育除了给人一专知识外，还养成一个清楚的脑子、热烈的心，这样他对社会才可以了解、判断，对已往现在所有的有价值的东西才可以欣赏。有了清楚的脑、热烈的心以后，他对于人生、社会的看法如何，那是他自己的事，他不能只在接受已有的结论。一个学校如果这样做，那就成了宣传，训练出来的人也就成了器。这是职业生和大学生不同的地方。

大学既是专家集团、自行继续的团体，所以一个真正的大学都有它自己的特点、特性。比如我们说清华精神，这就是自行继续的专家的团体的特性。至于它的特性是什么，我们用不着说，因为不是讨论清华精神的。由于一个大学所特有的特性，由哪一个大学毕业的学生，在他的脸上就印上了一个商标、一个徽章，一看就知道他是哪一个学校的毕业生，这样的学生才是一个真正的大学生。教育部的人特别不了解这一点，认为大学是属于高等教育司的一科，彼此没有分别，不管什么事就立一个规章令所有的大学照办。比如一个学校应有的组织，有什么职员，全是一样。所有的大学硬要用一个模型造出来，这就是不了解大学是一个自行继续的专家的团体，有其传统习惯，日久而形成一种精神特点。

（选自《三松堂全集·第十四卷》中《教育文集》，1970年1月河南人民出版社出版）

人生成功之因素

三种因素——才力命

在人生成功的过程中，须具有三种因素，这三种因素配合起来，然后才可以成功。

（一）天才。我们人生出来就有愚笨聪明的不同，而且一个人生出来不是白痴的话，一定会在一方面有相当聪明，而这种生出来就具有的愚笨聪明，无论什么教育家以及教育制度也不能使之改变。换句话说，教育功用只能使天赋的才能充分地发展，而不能在天赋的才能之外使之成功。这正如园艺家种植种子只能使所种的种子充分发展，而不能在这种子充分发展之外使之增加。

（二）努力。无论在哪一方面成功的人，都要努力。如果非常懒惰，而想成功的人，正如希望苹果落在自己嘴里，一样的不可能。

（三）命。这命不是一般迷信的命，而是机会，也可以说是环境。如一个人有天赋才能，并且肯十分努力，但却仍需遇巧了机会。如果没有机会，虽然有天资，肯努力，也是“英雄无用武之地”了。提到机会环境，常会有人说我们可以创造环境，争取机会，这当然是不错的。不过，创造环境，争取机会，却包括在努力之中，而这里所说的机会，乃指一人之力所不能办到的而言。

以上所说的三种因素，可以自中国旧日术语用一个字来代表一下：天资可以用“才”字来代表；努力可以用“力”字代表；机会可以用“命”字代表。一个人要在某方面获得成功，必得需有相当的才、力与命。一提到命，恐怕会有误解。因为谈到命的时候太多，例如街头算命摆卦摊的谈命，旅馆住的大哲学家谈命，而这里所提到的命，却与他们都不相同。在这里所提到的命，乃是中国儒家所谈之命，是与一般世俗所说的命不同的。

一般世俗所谈的命，是天定的，就是我们人在生前便定下了一生的吉凶祸福。看相算卦可以知道人的一生吉凶祸福，我从来就不相信。据我看，这些都是中古时代的迷信，无论是在哲学上或是在科学上都是不合理的。

孔子、孟子所讲的命，并不是这个意思，儒家所讲的命，乃指人在一生之中所遭遇到的宇宙之事变，而且又非一人之力所可奈何的。再重述一下，创造环境，争取机会是属于努力那方面。与这里的命无关，不用再多论。现在还是讨论命字，我们人在一生中总会遭遇到非一个人力量所能左右与改变的宇宙之事变。比如说，民国二十六年（1937 年）的事变直到三十四年（1945 年），经过八年间的抗战，我们才获得最后的胜利。日本人来侵略我们，我们不得已起而抗战。这是非以一人之力所能改变的。更如现在世界战争虽然已经解决，然而仍有许多问题相继发生着。为什么我们生在这么个时代？为什么不晚生若干年，生在未来的大同世界中？此乃命。

以上才、力、命三者配合起来，三者都必要而不同具。也就是成功需要三者配合起来，没有时固不成，有了也不一定成。如同学考试加油开夜车，但也许考不及格。也就是不用功不能及格，而用功，也不一定及格！这道理就是在逻辑学上所谓：必要而不同具。有些人常说不靠命，那么他又在说创造环境争取机会了。不过我已重述过，那是属于"努力"方面的。

说起命来，我们活这么大而不曾死了，命就算相当的好。我们要知道人死的机会太多了，在母胎中，也许小产未出世就死去，这个人能成功不？幼童病死，有什么办法？我们经了八年抗战，经过战争、轰炸以及流亡，如今仍能参加夏令营，我们的运气真好得了不得了。

成功的种类与配合成分

以下我们讨论三者配合是否应该相等？也就是三者成分是不是应该每份都是百分之三十三点三？这回答却是不应相等，也不能相等，而是以成功的种类不同而每种成分各有不同。成功的种数不外有三：

一、学问方面：有所发明与创作，如大文学家、大艺术家、大科学家等。

二、事业方面：如大政治家、大军事家、大事业家等。

三、道德方面：在道德上成为完人，如古之所谓圣贤。

以上列举的三方面，以从前的话来讲，也就是立德、立功、立言三不朽。学问方面的成功是立言，事业的成功是立功，道德方面的成功是立德。除三种之外，也就没有其他的成功了。因为这三种成功的性质的不同，所以配合的成分也就有了多寡。大致说来，学问方面“才”占成分多；事业方面“命”占成分多；而道德方面则是“力”占成分多。

学问方面的成功

学问方面，天才成分占得多。有无发明与创作是不只以得多少分数，几年毕业所能达成的。而且，没有天才，就是怎么用功，也是无济于事。尤其艺术方面，更是如此。所谓“酒有别常，诗有别才”。有些人致力于作诗，并做到十分的努力，然而他作出诗来，尽管合乎平仄，可是不是诗，那么，他就是没有诗的天资；但也许他在其他方面可以成功的。

事业方面的成功

事业方面，机会成分占得多。做学问，一人可以做到不需要别的人来帮助，而且做学问到很高深的时候，别人也帮不上忙。孔子作《春秋》，他的弟子们都帮不上忙。李白、杜甫作诗，也没有人能够给他们帮忙，我们更不能帮助科学家来发明。这大都需要他自己去做的。然而，在事业方面，并非一人之力所能达成：

（一）需要有许多人帮忙合作。如大政治家治政，大军事家用兵等。

（二）需要与别人竞争。如打仗有敌手，民主国家竞选总统，需要有对手。

总结一句话，还是事业方面成功，并非一人之力所能达成。如做一件事，需有多人帮忙，帮助他努力争取，同时，需要对手比他差，才能成功。有时他成，可是遇到的对手比他更成，那时只好失败；有时他不成，可是遇到的对手比他还不成，那时他也能成功。我们从历史上来看，例子很多。比如项羽能力大，偏偏遇到的对手刘邦比他还高明，所以他只好失败。我们看看《垓下歌》：“力拔山兮气盖世，时不利兮骓不逝，骓不逝兮可奈何，虞兮虞兮奈若何！”“时不利兮”，他毫无办法。有些庸才，偏偏成功，史册上很多，不胜枚举。

现在让我提一个故事，纪晓岚《阅微草堂笔记》有这么一段记载：有一个棋迷，有时赢，有时输。一天他遇到神仙，便问下棋有无必赢之法。神仙说是没有必赢之法，却有必不输之法。棋迷觉得能有必不输之法，倒也不错，便请教此法。神仙回答说：不下棋，就必不输。这个故事讲得很有道理。一切事，都是可以成功，可以失败，怕失败就不要做。自己棋高明，难免遇到比自己更高明的对手，则难免失败；自己棋臭，也许遇上比自己棋还臭，臭而不可闻的对手，这时便也可成功，其他事业也是如此。

道德方面的成功

道德方面，努力成分占得多。只要努力，不需要天才，不需要机会，只靠大部努力便能在道德方面成为完人。这是什么道理呢？也就是为圣为贤需如何？很简单，只有“尽伦”。所谓“伦”即是人与人的关系，从前有“五伦”：君臣、父子、夫妇、兄弟、朋友。现在不限定五伦。如君臣已随政体的变动而消失。不过人与人的关系却是永远存在。例如现在称同志，也是人与人关系的一种。为父有其为父应做之事，为子有其为子应做之事，应做的就是“道”。所谓君有君道，臣有臣道，父有父道，子有子道，也就是每个人都有他所应做的事。做到尽善尽美，就是“尽伦”。用君臣父子尽其道来比喻，名词虽旧，但意思并不旧。如果以新的话来讲，就是每个人应站在他的岗位上，做他应做的事。那么，为父的应站在为父的岗位上做为父应做的事，为子的应站在为子的岗位上做为子应做的事，等等。所以名词新旧没有什么关系，只要意思不旧即可。我们不能为名词所欺骗。有许多人喜欢新名词，听到旧名词君尽君道，臣尽臣道等，立刻表示不赞成。若有人以同样意思，改换新名词，拍案大声说：“每个人应该站在他的岗位上，做他应做的事。”于是他便高高兴兴地表示赞成了。

道德方面的成功，并不需要做与众不同的事。而且，“才”可高可低，高可做大事，低可做小事，不论他才之高低，他只要在他的岗位上做到尽善尽美，就是圣贤。所以道德方面的成功，不一定要在社会上占什么高位置，正如唱戏好坏，并不以所扮角色的地位高低做转移。例如梅兰芳，并不需扮皇后，当丫环也是一样。再者，道德方面的成功也与所做的事的成功失败无关。道德行为与所做之事乃两回事，个人所做之事不影响道德行为的成功。如文天祥、史可法所做的事虽然完全失败，但他们道德行为的价值是完全成功的。更进一步来说，文天祥、史可法如果成功，固然是好，但所做的事成功，对他们道德行为价值并不增加，仍不过是忠臣；同时，他们失败，对他们道德行为价值也不减少，仍不失为忠臣。因此道德方面的成功不必十分靠天才，也不十分靠机会，只看努力的程度如何；努力做便成功，不努力做便不成功。这种超越天才与机会的性质，我们称它为“自由”，是不限制的自由，并不是普通所说的自由。“人皆可以为尧舜”，就是这个意思。不过我们不能说：“人皆可以为李杜”或“人皆可以为刘邦、唐太宗”。诸位于此，会发生两个误会：

（一）道德上成功与天才机会无关，那么自己不管自己天资如何，同时，也不必认真做自己所做的事，只要自己道德行为做到好处就成了。不过这是错误的。一个人做事如文天祥、史可法做事，尽心尽力到十二分，则虽失败，亦不影响其道德方面的成功，但他们不尽心尽力，失败固非忠臣，成功也属侥幸，因为他们的“努力”程度影响了他们道德方面的成功。

（二）立德、立功、立言三者划分，实际上乃为讲解方便，其实立德非另外一事，因为立德是每个人做其应做之事，当然立言的人在立言之时，可以立德，立功的人在立功之时，也可以立德，每个人随时随地都可立德，所以教育家鼓励人最有把握就是“人皆可以为尧舜”，因此立德与立言、立功是分不开的。

（选自《三松堂全集·第十一卷》，1970 年 1 月河南人民出版社出版。第十一卷又名《哲学文集（上）》，收录了 1936 年商务印书馆出版的《中国哲学史补》及 1948 年前的其他单篇哲学论文）

论信念

在逻辑里，我们讲所谓“必要条件”与“充足条件”的分别。一个人得了伤寒病，他即发热。得伤寒病即足可以叫他发热，但他如不得伤寒病，他不一定不发热。他虽不得伤寒病而得了疟疾、重伤风等，他照样要发热。得伤寒病是他发热的充足条件。一件事情的充足条件，对于一件事情，用中国古名学的话说，是“有之必然，无之不必不然”。

一个人必须吃东西，他才可以生存。但仅只吃东西他还不能生存。譬如一人能吃东西而不能睡觉，也还是非死不可。吃东西对于一件事情，用中国古名学的话说，是“有之不必然，无之必不然”。

社会上的事情都是很复杂的。一件事情的成功，需要许多必要的条件。这许多条件中的每一件，对于这一件事情的成功，都可以只是必要的而不是充足的。有了这一件条件，这一件事情，不一定能成功，但是没有这一件条件，这一件事情一定不能成功。

不分清楚，或分不清楚以上所说的分别，往往有许多不必要的争执。有许多人以为一件事情成功的必要条件，亦必须是他的充足条件，如其不然，他们即以为这条件亦不是必要的。我们常听说“教育救国”“科学救国”，以及许多类乎此的口号。就这些口号的本身说，是没有什么不对。不过我们要注意的，即是教育、科学等对于救国，都是必要的条件而不是充足的条件。没有这些东西，国必不救，但专靠这些东西中的任何一个，国不必救。喊这些口号的人，对于这一点，不见得都清楚，而听这些口号的人，对于这一点，更见得糊涂。一个办教育的人，或提倡科学的人，谈起教育或科学的重要来，好像是专靠他那一行，即可救国。而社会上常有些人说，中国办新教育数十年，而现在国家还是这个样子，教育必有毛病。我们不敢说中国现在的教育没有毛病。不过这些人的说法，不能证明中国现在的教育必有毛病。因一个国家没有好的教育，固然是不得救，但只有好教育，一个国家不一定得救。我们可因一个国家没有好教育而断其必不得救，但不能因一个国家不得救而断其必没有好教育。

信念对于人的有些行为的成功，亦是必要的条件，虽不是充足的条件。譬如有两个人，一个人相信明天下雨，一个人相信明天不下雨，明天究竟下雨或不下雨，他们的信念，不能有什么影响，因为下雨不下雨是自然界的事情，并不是人的行为。若这两个人之中，一个人相信他自己能跳过一个三尺宽的沟，一个人不相信他自己能，或相信他自己不能，在实际跳的时候，第一个人可以跳过去的成分，要比第二个人大得多。

我们现在抗战建国的工作，是中国四千年来一件最大的事，亦是一件最复杂的事，其成功所需要的条件，真是千头万绪。这些千头万绪的条件，可以都是必要的，而没有一条件是充足的。在这些许多必要而不充足的条件中，有一个条件即是：我们必须有“抗战必胜，建国必成”的信念。

这个信念对于抗战建国是必要的条件，而不是充足的条件。何以是必要的？因为打仗是需要顶大的牺牲的，一个光明的将来可以使大多数的人于困苦中得安慰，于牺牲中得勇气。这些安慰勇气，都是继续抗战所必需的。但将来的事情的如何，是不可以用理论证明的。我们固然不能确切地用理论证明中国抗战必胜，建国必成，我们亦不能确切地用理论证明明天不是地球末日。在这些地方，我们所靠的是信念。有些人觉得必须用理论证明中国抗战必胜，建国必成，像算学一样的精确，他才可以不悲观。他不知将来的事都是不能确切地用理论证明的。关于社会方面将来的事，更不能确切地用理论证明。而社会方面将来的最大最复杂的事，尤不能确切地用理论证明。

我们对于抗战必胜、建国必成，须有信念，而这种信念，即是抗战胜利及建国成功的一个必要的条件。但这并不是说，只要我们有这个信念，我们即可坐而达到我们的希望。我们要知道这件顶大顶复杂的事的成功，需要许多条件，这个信念不过是其中之一而已。

没有它固必不行，但有了它亦不必行。我们还须努力使别的条件也都实现，许多条件合起来，才能充足地使抗战必胜、建国必成。

从另一方面看，所谓败北主义虽不是失败的必要条件却是失败的充足条件。若我们对于抗战建国的前途，不信其能成功，而信其必失败，则我们即是败北主义者。这亦是信念，因为此所说失败亦是将来的事，亦是不能用确切的理论证明的。抗战建国本是我们的事，其成功本靠我们的努力，我们多努力一分，他的成功的成分，即大一分。若我们预先相信我们不能成功，则我们的努力自然差了，我们更可以想，努力亦是白费，因此即不努力了。如此，当然必定失败。固然不持败北主义者，亦不一定不失败，所以败北主义，不是失败的必要条件。但如上面所说，专是败北主义即可致失败，所以败北主义是失败的充足条件。

我们可以说，我们若相信我们必胜，我们固不必胜，但我们若相信我们必败，则我们当然一定败。我们若相信我们必胜，我们虽不必胜，但已距胜近了一点，因为我们已经实现了胜的一个必要条件。《益世报》的创办人，雷鸣远神父说，有些外国人问他，你相信中国能胜吗？雷神父回答："我敢打赌，中国若不胜，把我的头砍了。"若个个中国人都有雷神父的这个信念，中国的胜利，已有几分把握。

（选自《三松堂全集·第五卷》中《南渡集》，1970年1月河南人民出版社出版。《南渡集》于1946年结集，是冯友兰自九一八事变以来所做短篇论文的选集）

我的读书经验

我今年八十七岁了，从七岁上学起就读书，一直读了八十年，其间基本上没有间断，不能说对于读书没有一点经验。我所读的书，大概都是文、史、哲方面的，特别是哲。我的经验总结起来有四点:（一）精其选，（二）解其言，（三）知其意，（四）明其理。

先说第一点。古今中外，积累起来的书真是多极了，真是浩如烟海。但是，书虽多，有永久价值的还是少数。可以把书分为三类，第一类是要精读的，第二类是可以泛读的，第三类是只供翻阅的。所谓精读，是说要认真地读，扎扎实实地一个字一个字地读。所谓泛读，是说可以粗枝大叶地读，只要知道它大概说的是什么就行了。所谓翻阅，是说不要一个字一个字地读，不要一句话一句话地读，也不要一页一页地读。就像看报纸一样，随手一翻，看看大字标题，觉得有兴趣的地方就大略看看，没有兴趣的地方就随手翻过。听说在中国初有报纸的时候，有些人捧着报纸，就像念“五经”“四书”一样，一字一字地高声朗诵。照这个办法，一天的报纸，念一年也念不完。大多数的书，其实就像报纸上的新闻一样，有些可能轰动一时，但是昙花一现，不久就过去了。所以，书虽多，真正值得精读的并不多。下面所说的就指值得精读的书而言。

怎样知道哪些书是值得精读的呢？对于这个问题不必发愁。自古以来，已经有一位最公正的评选家，有许多推荐者向它推荐好书。这个评选家就是时间，这些推荐者就是群众。历来的群众，把他们认为有价值的书，推荐给时间。时间照着他们的推荐，对于那些没有永久价值的书都刷下去了，把那些有永久价值的书流传下来。从古以来流传下来的书，都是经过历来群众的推荐，经过时间的选择，流传了下来。我们看见古代流传下来的书，大部分都是有价值的，我们心里觉得奇怪，怎么古人写的东西都是有价值的。其实这没有什么奇怪，他们所作的东西，也有许多没有价值的，不过这些没有价值的东西，没有为历代群众所推荐，在时间的考验上，落了选，被刷下去了。现在我们所称为“经典著作”或“古典著作”的书都是经过时间考验，流传下来的。这一类的书都是应该精读的书。当然随着时间的推移和历史的发展，这些书之中还要有些被刷下去。不过直到现在为止，它们都是榜上有名的，我们只能看现在的榜。

我们心里先有了这个数，就可随着自己的专业选定一些须要精读的书。这就是要一本一本地读，所以在一段时间内只能读一本书，一本书读完了才能读第二本。在读的时候，先要解其言。这就是说，首先要懂得它的文字；它的文字就是它的语言。语言有中外之分，也有古今之别。就中国的汉语笼统地说，有现代汉语，有古代汉语，古代汉语统称为古文。详细地说，古文之中又有时代的不同，有先秦的古文，有两汉的古文，有魏晋的古文，有唐宋的古文。中国汉族的古书，都是用这些不同的古文写的。这些古文，都是用一般汉字写的，但是仅只认识汉字还不行。我们看不懂古人用古文写的书，古人也不会看懂我们现在的《人民日报》。这叫语言文字关。攻不破这道关，就看不见这道关里边是什么情况，不知道关里边是些什么东西，只好在关外指手画脚，那是不行的。我所说的解其言，就是要攻破这一道语言文字关。当然要攻这道关的时候，要先做许多准备，用许多工具，如字典和词典等工具书之类。这是当然的事，这里就不多谈了。

中国有句老话说是“书不尽言，言不尽意”，意思是说，一部书上所写的总要比写那部书的人的话少，他所说的话总比他的意思少。一部书上所写的总要简单一些，不能像他所要说的话那样啰嗦。这个缺点倒有办法可以克服。只要他不怕啰嗦就可以了。好在笔墨纸张都很便宜，文章写得啰嗦一点无非是多费一点笔墨纸张，那也不是了不起的事。可是言不尽意那种困难，就没有法子克服了。因为语言总离不了概念，概念对于具体事物来说，总不会完全合适，不过是一个大概轮廓而已。比如一个人说，他牙痛。牙是一个概念，痛是一个概念，牙痛又是一个概念。其实他不仅止于牙痛而已。那个痛，有一种特别的痛法，有一定的大小范围，有一定的深度。这都是很复杂的情况，不是仅仅牙痛两个字所能说清楚的，无论怎样啰嗦他也说不出来的，言不尽意的困难就在于此。所以在读书的时候，即使书中的字都认得了，话全懂了，还未必能知道作书的人的意思。从前人说，读书要注意字里行间，又说读诗要得其“弦外音，味外味”。这都是说要在文字以外体会它的精神实质。这就是知其意。司马迁说过：“好学深思之士，心知其意。”意是离不开语言文字的，但有些是语言文字所不能完全表达出来的。如果仅只局限于语言文字，死抓住语言文字不放，那就成为死读书了。死读书的人就是书呆子。语言文字是帮助了解书的意思的拐棍。既然知道了那个意思以后，最好扔了拐棍。这就是古人所说的“得意忘言”。在人与人的关系中，过河拆桥是不道德的事。但是，在读书中，就是要过河拆桥。

上面所说的“书不尽言”，“言不尽意”之外，还可再加一句“意不尽理”。理是客观的道理，意是著书的人的主观的认识和判断，也就是客观的道理在他的主观上的反映。理和意既然有主观客观之分，意和理就不能完全相合。人总是人，不是全知全能。他的主观上的反映、体会和判断，和客观的道理总要有一定的差距，有或大或小的错误。所以读书仅至得其意还不行，还要明其理，才不至于为前人的意所误。如果明其理了，我就有我自己的意。我的意当然也是主观的，也可能不完全合乎客观的理。但我可以把我的意和前人的意互相比较，互相补充，互相纠正。这就可能有一个比较正确的意。这个意是我的，我就可以用它处理事务，解决问题。好像我用我自己的腿走路，只要我心里一想走，腿就自然而然地走了。读书到这个程度就算是能活学活用，把书读活了。会读书的人能把死书读活；不会读书的人能把活书读死。把死书读活，就能把书为我所用，把活书读死，就是把我为书所用。能够用书而不为书所用，读书就算读到家了。

从前有人说过：“六经注我，我注六经。”自己明白了那些客观的道理，自己有了意，把前人的意作为参考，这就是“六经注我”。不明白那些客观的道理，甚而至于没有得古人所有的意，而只在语言文字上推敲，那就是“我注六经”。只有达到“六经注我”的程度，才能真正地“我注六经”。

（选自《三松堂全集·第十四卷》中《教育文集》，1970 年 1 月河南人民出版社出版）